"宜"拍在手——如何选择适宜的乒乓球拍

尹忠根　著

北京工业大学出版社

图书在版编目（CIP）数据

"宜"拍在手：如何选择适宜的乒乓球拍 / 尹忠根著 . — 北京 ：北京工业大学出版社，2020.6（2022.5 重印）

ISBN 978-7-5639-7531-0

Ⅰ．①宜… Ⅱ．①尹… Ⅲ．①乒乓球运动－球拍－基本知识 Ⅳ．① G846.53

中国版本图书馆 CIP 数据核字（2020）第 118356 号

"宜"拍在手——如何选择适宜的乒乓球拍
"YI" PAI ZAI SHOU——RUHE XUANZE SHIYI DE PINGPANGQIUPAI

著　　者：尹忠根

责任编辑：刘连景

封面设计：点墨轩阁

出版发行：北京工业大学出版社

　　　　　（北京市朝阳区平乐园 100 号　邮编：100124）

　　　　　010-67391722（传真）　bgdcbs@sina.com

经销单位：全国各地新华书店

承印单位：三河市明华印务有限公司

开　　本：710 毫米 ×1000 毫米　1/16

印　　张：12

字　　数：200 千字

版　　次：2020 年 6 月第 1 版

印　　次：2022 年 5 月第 3 次印刷

标准书号：ISBN 978-7-5639-7531-0

定　　价：52.00 元

序

　　中国乒乓球队自 20 世纪 50 年代参加世界性比赛以来，经过数代人的拼搏努力与研究，已有数百万字的理论著述。不管是竞技训练原理，还是竞技训练理念，抑或是竞技训练实践，中国乒乓球队在这些方面的系统研究可谓成绩颇丰，对内在规律的不断总结及不断创新，使得中国队在世界乒坛处于一个长盛不衰的地位，究其原因，我觉得主要有五点：一是对制胜因素的认识，中国队较及时深刻地抓住了乒乓球竞技的内在驱动力；二是提出了较高科学性和时效性很强的"百花齐放"技术发展战略，建立了"中国乒坛小世界"，多种类型打法的培养解决了在比赛当中可能遇到的由五大制胜因素随机组合的复杂性、新异性球性刺激；三是实践与理论方面的创新，中国乒乓球队在继承和学习的基础上，进行了全方位的创新实践，如正手奔球、反手急下旋球、长胶发球、高抛式发球、直拍近台两面攻、PD-1 型乒乓球动态测转仪、B-82 型高功能乒乓球发射机等；四是强调以"特长突出、技术全面"为中心的训练，既要狠抓特长技术，又要重视全面技术，还要从实战出发，练好扎实的基本功；五是有两支队伍的高效保障，一支是素质较高的教练员队伍，另外一支是科研队伍，这两支队伍都是其他国家无可比拟的。

　　当然，有一点我们不能忽视的就是乒乓球器材工具的创新。1903 年胶皮颗粒拍的发明为乒乓球运动带来了第一次技术性革命，削球打法应运而生。1952 年日本选手佐藤博治使用的海绵拍为乒乓球运动带来了第二次技术性革命，日本远台长抽打法走向历史舞台。20 世纪 60 年代，日本运动员用反胶海绵拍创造了弧圈球进攻技术，是乒乓球运动的第三次技术性革命。因此，我们可以看到，乒乓球器材工具的创新对于乒乓球技战术打法的促进与影响是不可小觑的。但是，正是由于乒乓球器材创新发展的多样性，市面上的乒乓球器材不可胜数，乒乓球运动员和爱好者面对如此多的器材如何选择成为一个现实的难题，一不小心就容易变成"器材发烧友"，尤其是初学者，如何选择一块适宜的球拍变得尤其重要。

目前，市面上关于乒乓球拍器材方面的著作与论述不多，专门针对乒乓球拍器材这块的书籍更少。乒乓球运动员和爱好者在这方面的知识累积一方面来自器材商的介绍，另外一方面来自网络平台的知识分享。而乒乓球拍的选择是一门专业的学问，乒乓球运动员和爱好者只有自身对乒乓球拍方面的知识有了一定的了解之后才能根据自身情况做出正确的选择，避免在器材选择方面走弯路，从而专心致志地练好基本功。因此，很高兴能看到忠根在这方面进行的深入研究，为广大乒乓球运动员和爱好者提供选择适宜的球拍的建议。应该说，忠根对于乒乓球器材这块的研究是持续性的，他从研究生阶段开始对乒乓球器材与技战术打法之间的关系进行梳理，与此同时，进入了国内乒乓球器材领军销售企业进行专业的学习，在毕业后又在乒乓球裁判界继续学习，从这方面来说，是难能可贵的。纵观本书，既有学理分析，又有实证研究，既有历史回顾，也有未来展望，在第一章和第五章提出了较多创新性的观点，中间部分的内容对于乒乓球运动员和爱好者来说具有较强的操作性。因此，对于乒乓球运动员和爱好者来说，本书是一本不可多得的好书。

学术创作无止境，学术创新是关键。希望忠根在未来的科学研究中，脚踏实地，开阔视野，秉承初心，追求卓越。

北京体育大学副教授、博士，前中国乒乓球队教练员

于洋

2020 年 4 月 5 日于北京体育大学

前　言

　　所谓"工欲善其事，必先利其器"，一块适宜的乒乓球拍对于乒乓球运动员和爱好者的意义不言而喻。但是面对市场上浩如烟海的乒乓球底板和覆盖物，不同的运动水平适用哪种乒乓球拍？不同的技术打法适用哪种乒乓球拍？国家质量标准和乒乓球竞赛规则对于乒乓球拍的要求又是怎样的？相信这些问题困扰了不少的乒乓球运动员和爱好者。

　　面对眼花缭乱的乒乓球器材，我们不可能采取试错法，将每一个底板和每一款覆盖物进行试打，最终选择最好的，如此一来，只能是捡了芝麻，丢了西瓜；也不能认为贵的，或者明星球员在用的就是最好的，买来或许发现并不合适。因此，只有在了解相关的乒乓球拍知识后，选择适宜自己的，才是最好的。本书正是基于这个逻辑点展开的，第一章从乒乓球拍的概述出发，讲述工程学、乒乓球竞赛规则、乒乓球技战术与乒乓球拍的关系；紧接着第二章介绍乒乓球拍的基本结构，为选择适宜的球拍打下理论基础；第三章为主要部分，着重论述如何选择适宜的乒乓球拍，即选择适宜的乒乓球拍首先要符合国家质量标准以及乒乓球竞赛规则，然后从不同的人群、不同的打法、不同的途径三个视角进行深入探索；第四章从如何适宜地保养乒乓球拍入手，普及乒乓球拍的正确使用以及合理保护方法；最后一章与第一章遥相呼应，从科技、规则、技战术三方面的发展趋势来展望未来乒乓球拍的发展趋势。

　　当然，我们也不能过分强调乒乓球拍工具的重要性，在选择适宜的乒乓球拍时，须明白以下三点。

　　一、扎实的技术为根本之道。中国乒乓球队的长盛不衰主要得益于对乒乓球竞技训练原理、竞技训练理念、竞技训练实践三方面的系统把握。邱钟惠等在探讨中国乒乓球队成功的经验时谈道："对于中国乒乓球队之所以能够保持30年'长盛不衰'，是我们比较及时、准确地认识到乒乓球项目的特性及其制胜规律，进而以'百花齐放'的技术策略为指导，建立中国乒坛小世界；以特

1

点突出、技术全面为核心的指导思想,控制训练全过程;以推陈出新、大胆创新的战略与世界竞争;以高效运转的专业队伍为实施系统,培养造就一代代强手。"这种意识的领先使得中国乒乓球队始终走在世界乒坛的领先位置。因此,我们可以看到,扎实的技术不管在乒乓球运动水平的何种阶段,都是打乒乓球的根本之道,这点我们不能违背。

二、适宜的底板助一臂之力。乒乓球项目是技能主导类隔网对抗性项目,我们在打球时用球拍来代替我们的手臂进行击球,从这个意义上来说,球拍作为我们手臂的延伸部分,其性能的强弱决定着击球的质量。底板是球拍的核心所在,底板的结构和材质、拍面形状、拍柄形状、底板的科技工艺等都会对乒乓球拍的击球效率产生影响。根据自身技战术特点与技战术水平合理地选择适宜的底板,将对自身乒乓球技战术的提升起到助一臂之力的效果。

三、合适的覆盖物画点睛之笔。覆盖物的发展与变化对于乒乓球技战术的发展起到了巨大的推进作用,覆盖物的创新往往带来新一轮的技战术变革。1903年,古德发明了颗粒胶皮拍,把乒乓球带入了旋转世界。1951年,奥地利人发明了海绵拍,将乒乓球运动带入了一个更快速发展的时期。1957年,日本队将颗粒胶覆盖在海绵球拍上,改革创新了海绵拍,正胶、反胶海绵拍应运而生,这将乒乓球带入了一个旋转与速度完美结合的时期。长胶胶皮的发明助推我国多名运动员攀登上了世界乒坛顶峰,反胶套胶的使用让弧圈型打法选手如鱼得水。如今,无机胶水和塑料球的使用使得内能套胶成为新宠。合适的覆盖物让乒乓球运动员和爱好者的技战术打法得以更加出彩。

希望本书的出版能够为乒乓球运动员和爱好者提供选择乒乓球拍的相关指导,促进乒乓球拍理论与实践更好地结合。由于水平有限,书中的疏漏与不足之处在所难免,欢迎广大读者对本书提出宝贵意见。

目　录

第一章　乒乓球拍概述

第一节　工程学与乒乓球拍

乒乓球作为一项技能主导类隔网对抗性项目，主要通过突破对方的防守进行得分，乒乓球拍作为运动员手的延伸部分，是乒乓球运动中最重要的器材之一。乒乓球拍伴随着乒乓球运动的起源就开始出现，球拍的不断发展离不开体育工程学的发展。体育工程学作为一门新兴的学科，其发展历史并不长，其研究领域主要分布在流体力学、机械工程、计算机应用技术、材料工程、生物工程与生物力学、检测与控制技术、机器人技术等多学科边缘交叉领域。在我国，体育工程学的研究主要集中在体育仪器、器材等方面。从 20 世纪 80 年代开始，我国设立了体育仪器器材研究室，对球类、田径类等竞技项目的器材进行了系统的研究。国际上体育工程学的研究范围较为宽泛，主要包括：通过工程技术与体育运动学结合，开发、设计、制造体育器材；通过生物力学与体育运动学结合，评定体育器材性能；器材设计、性能和制造工艺的优化以及新材料在体育中的应用等方面。乒乓球拍在其形状与握拍方法上与工程学存在较为密切的关系，主要表现在以下几个方面。

一、乒乓球拍的形状与人体工程学

乒乓球规则中对于乒乓球拍的形状、大小、重量并没有特别的限制，唯一提到的是底板应该平整且坚硬，并且底板的主要成分为天然木料，其天然木料成分占比不低于 85%。市场上乒乓球的底板形状各异，有方形的、圆形的、异型的，但是主流的乒乓球拍形状有圆形和方形两种。乒乓球拍作为乒乓球运动中手的延伸部分，其球拍形状的设计也与人体工程学有着密不可分的关系。那么，不管是方形的还是圆形的，抑或者异型的，其形状的改变都是为了提高击

1

球的效率。拍面形状不同，最为直接的影响就体现在乒乓球击球技术上的不同，且都有自身的优势与不足。拍面形状不同的球拍，如图 1-1 至图 1-3 所示。

图 1-1　圆形拍（蝴蝶刘诗雯 ZLF）

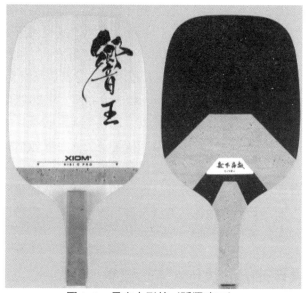

图 1-2　日直方形拍（骄猛响王）

图 1-3　异形拍（三维苏式直拍）

在比较不同拍型的特点时，我们先了解一下球拍的击球重心与球拍的特点。球拍的击球重心指的是球拍的重量和球拍的拍面所组成的击球重心集中点，通常我们喜欢叫作球拍击球时的甜区。击球重心靠近拍头的球拍往往感觉拍头重，击出去的球犹如炮弹一般，杀伤力较大，便于扣杀及中远台对攻，我们一般称之为外重内轻型。击球重心远离拍头的球拍则相对好操控一些，出手快，对于台内球的处理更为灵活，我们则称之为外轻内重型。从拍型来看，方形拍属于外重内轻型，亚洲选手使用较多，如日本、朝鲜、韩国等国的乒乓球运动员较喜爱使用日式球拍，这类球拍的特点是球拍的力臂得以加长，靠近拍头位置的速度大，击球威力得以增大，但是也存在启动较慢，台内球处理不够灵活等缺点。圆形拍的击球重心更加靠近拍柄，其力臂相对更短一些，体现在运动员技术上则是转换较快，台内球处理更为灵活，手感更为敏锐。还有一种球拍为异形拍，这类拍子的个性突出，如北京三维体育公司制造的枪拍，其握法如同握住一把枪一般，又如四面攻拍、古氏直拍、水滴拍、手套式拍等。但说到异形拍，我们则不得不提及球拍名气大于使用者的挺拔小提琴，这是法国运动员埃洛瓦当年使用的球拍，因其球拍两侧各缺一块，形似小提琴而闻名。

二、乒乓球拍的握法与体育工程学

乒乓球拍的握法主要分为两种，即直拍和横拍。但是不管何种握法，都不能脱离乒乓球拍是运动员手的延伸的这个基本认知。在乒乓球学习初期，教练员会比较强调直拍握法。一般要求直拍握法运动员养成手腕上翘的习惯，横拍握法运动员养成手腕下压的习惯。这是因为：直拍握法运动员若一开始就处于手腕下掉的状况，则容易造成后期手腕过松，打出去的球的力量未能与手臂力量形成一致，产生了一个向下的分力；横拍握法运动员若不形成手腕下压的习惯，则容易造成手腕上翘，拍子与手腕形成了一个夹角，产生了一个向上的分力，从而导致发力无法集中的后果。不管是哪种握拍方法，如果未能在学习初期形成正确的握法，那么在后期再来改动的话则难度较大，从而导致在技战术学习上多走弯路。乒乓球拍的各种握法，如图 1-4 至图 1-7 所示。

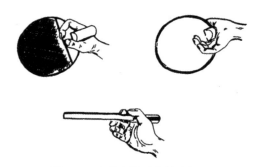

图 1-4　中式直拍近台快攻握法

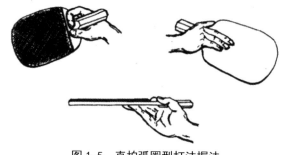

图 1-5　直拍弧圈型打法握法

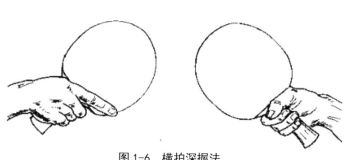

图 1-6　横拍深握法

图 1-7　横拍浅握法

根据握法不同，乒乓球拍柄部分的设计也是各不相同的，如直拍有中式直柄、日式直柄，横拍握法的又有 FL 拍柄、ST 拍柄和 AN 拍柄等。拍柄的多样性也满足了不同乒乓球爱好者对于器材的要求。

乒乓球拍柄的设计与运动员的握拍习惯与方法息息相关：如直拍握法运动员多以亚洲地区为主，这与拿筷子的习惯又密不可分；又如欧洲运动员喜爱横拍握法，这与他们拿刀叉的饮食习惯分不开。但是直拍和横拍中拍柄的设计又各不相同。中国运动员喜爱中式直柄，日本运动员、韩国运动员钟情于日式直柄，欧洲运动员手部较大，他们则中意横拍 ST 柄与 AN 柄。下面我们来简单了解一下不同拍柄的设计与使用。

①中式直柄，如图 1-8 所示。这类拍柄的主要特点是顶部比底部要大，运动员在使用的时候手指可以比较灵活地握住拍子。这类球拍适用于直拍快攻型选手。如马琳使用的亚萨卡 YE、马琳碳、YEO，王皓使用的天罡皓、狂飙皓等。

图 1-8　中式直柄

②日式直柄，如图 1-9 所示。我们简单从设计来看，日式直柄与其他的拍柄截然不同，拍柄有一块凸出来较多的软木，比一般的直拍高出来不少。这种拍柄便于运动员用食指钩住拍柄，与大拇指之间形成圆环，这类球拍多为单桧结构。如 2004 年雅典奥运会乒乓球男单决赛金牌获得者柳承敏使用的 XIOM 柳白金，韩国乒乓球运动员金泽洙使用的蝴蝶金泽洙等。

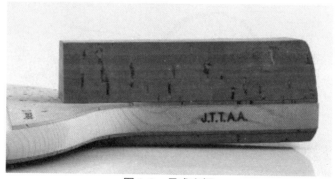

图1-9 日式直柄

③横拍FL柄，如图1-10所示。这种柄又称收腰柄，因其中间位置较小，靠近球拍拍肩位置其次，拍柄尾部最大，握着的时候手心有一定的灵活性，而手指能够很好地将拍子握住，张弛有度，前松后紧，灵活调节，因此受到广大乒乓球爱好者的青睐。如张继科使用的蝴蝶VISCARIA，马龙使用的狂飙龙5等。

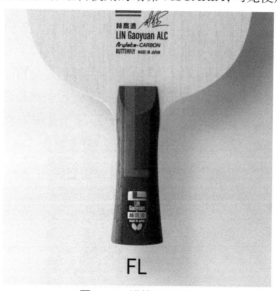

图1-10 横拍FL拍柄

④横拍ST柄，如图1-11所示。从图片上来看，横拍ST拍柄整体的厚度较为均匀，握上去之后感觉比较扎实，尤其是中指位置与球拍的贴合度较高。这类拍柄的特点是适合正手扣杀和反手弹击类技术的使用，击球瞬间球拍的稳定性较好。曾经大战中国七代国手的瓦尔德内尔的球拍DONIC V1的拍柄就属于ST拍柄。

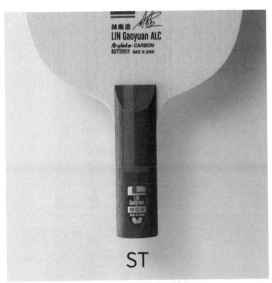

图 1-11　横拍 ST 拍柄

⑤横拍 AN 柄，如图 1-12 所示。AN 柄又称葫芦柄，拍柄中间部位较高，两侧依次变小，这类柄的设计与手弯曲握拍的工程学原理最为贴近，握拍相对更为舒适，握在手中的稳定性更高，适合浅握，欧洲运动员比较喜爱此类拍柄。大满贯得主孔令辉在悉尼奥运会上使用的球拍即 AN 柄。

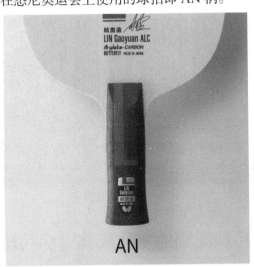

图 1-12　横拍 AN 拍柄

横拍握拍中又有正常握拍、深握、浅握之分，当然，所谓的深浅没有完全的标准，主要是以我们握拍手的虎口和球拍拍肩的距离来判断。虎口和拍肩轻微贴住我们称之为正常握拍，两者之间紧贴的为深握，两者之间远离的我们叫浅握。具体采用哪种握拍方式，我们还需要根据自身打法来确定。作为初学者，初期以动作技术学习为主，建议采用标准握法，或者是深握，因为动作固定有利于技术动作的掌握与稳定；后期技术成熟之后可采取浅握的方法，在击球时适当释放手腕的爆发力，增加球拍对球的鞭打作用。我们在实际中看到的情况是有的运动员握得特别深，有的运动员握得特别浅，如邓亚萍、王涛他们的握拍就相对比较深，因为他们都是使用的颗粒胶球拍，在击球的时候因为颗粒胶的摩擦力小，手腕不能过于灵活，需要手腕的固定以使发力集中，如图1-13所示。

图1-13　横拍深握法

而佩尔森的握拍就特别浅，因为佩尔森为横拍弧圈型打法，其击球时注重摩擦，浅握能够让其在击球时充分发挥手腕的力量进行鞭打，如图1-14所示。

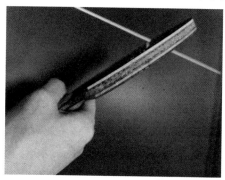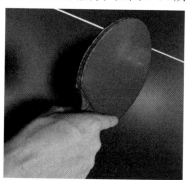

图1-14　横拍浅握法

第二节　乒乓球规则的变化及其对乒乓球运动的影响

规则的变化推动着一个项目的发展，乒乓球的发展亦是如此。从20世纪80年代乒乓球拍的限制，到21世纪初改打大球、11分赛制、无遮挡发球等，规则的变化对于乒乓球的发展起着积极的推动作用。规则的变化过程当中，对于乒乓球运动发展的影响也是显而易见的。具体来说体现在以下几个方面。

一、对乒乓球拍覆盖物的限制

现行乒乓球比赛规则中对乒乓球拍覆盖物的要求比底板的限制更多一些，规则中对于底板的限制有两条，而对于覆盖物的限制有8条，覆盖物中又包含颗粒胶和海绵，对于海绵和颗粒胶的厚度、密度都有明确的数值规定。从最初的穿线到羊皮纸，再到颗粒胶、海绵、砂纸，最后到现在的反胶，乒乓球拍的覆盖物在不断地进行着演变。1902年，英国人库特发明了一种相比木板更为高级的球拍，这种球拍能够主动制造旋转，击球相比木板更为稳定，但是弹性一般，适用于制造下旋球的削球打法，这就是为初期削球打法奠定基础的胶皮拍。带有颗粒的胶皮使乒乓球进入了下旋球时代，但是也带来了比赛时间冗长、现场观看无趣味的问题，直到1951年海绵拍的出现，使得快速进攻成为可能。覆盖物的野蛮生长也出现了一些特殊胶皮，如长胶、防弧胶皮等，且运动员借助覆盖物的不同特性进行倒拍，而且覆盖物两面颜色和颗粒长度没有限制，使得运动场上的球越来越怪异，运动员在球场上的比拼成了器材的比较。因此，1983年的第37届国际乒乓球联合会代表会议上对球拍两面的颜色做出了明确的规定，球拍两面的覆盖物颜色必须一面是黑色，另外一面是红色，且如果球拍有任何一面未粘贴覆盖物，则这一面不能进行击球。

二、乒乓球球体的变化

乒乓球球体的变化主要表现在两个方面。一方面是材质的变化。从乒乓球的起源（世界上第一颗乒乓球，如图1-15所示）来看，最初的乒乓球球体是软木塞或者橡胶做成的（如图1-16所示），这就要求球拍要有一定的弹性，因此，穿线的网拍成为打乒乓球的不二之选。1936年之前，乒乓球比赛中所使用的球都是质地相对比较软的球，因此，运动员在技术选择上倾向于防守而非进攻。然而一味地防守给比赛带来的影响也是显而易见的，马拉松式的消耗经常在比赛当中出现，一个球的争夺都有可能耗上一个多小时，如此场景一方面降低了现场观众观看比赛的兴致，另外一方面对于当时比赛的宣传更是致命性的打击，这就要求乒乓球立即进行改革。1936年国际乒乓球联合会代表大会会议规定将乒乓球软球改为硬球，赛璐珞材质的乒乓球开始出现在历史舞台上，赛璐珞较之软木与橡胶有弹性好与重量轻的优点。球体材料的提升要求乒乓球拍的进一步优化，羊皮纸的乒乓球拍应运而生，但羊皮纸的耐用性一般，需要寻求更为结实的材料，胶皮拍、海绵拍的出现将乒乓球带入了旋转与速度结合的时代。但是，在赛璐珞乒乓球使用的这段时间，其遇高温易燃、燃烧时释放有毒气体的安全隐患一直未能得到很好的解决，直到塑料球的出现，赛璐珞球的服役就此成为历史。根据国家队的试打情况来看，塑料球相比赛璐珞球较软，球速有所下降，对于运动员的体能提出了更高的要求，同时，对球拍也提出了新的要求，重量更轻、弹性更好的科技材料加入乒乓球拍的设计成为趋势。

另外一方面是体积的变化。规则中对于乒乓球球体的加大主要有两次，第一次是 2000 年悉尼奥运会之后的小球变大球，即 38mm 直径的球（如图 1-17 所示）变为 40mm 的大球（如图 1-18 所示），球体的变化带来的速度与旋转的变化也是巨大的：乒乓球球体直径增加 2mm，球的重量增加了 0.2 克，球的速度下降了 17%，旋转下降了 23%，回球的概率增加了 40%，大球的表面积增加了 156π 平方毫米。这与国际乒联增加比赛回合、增强比赛的观赏性的初衷是相吻合的。第二次是 40mm 的球变为 40+mm（如图 1-19 所示），乒乓球的直径得到更进一步的增大，球的速度也较之 40mm 的球有所下降，击球回合数也得到了进一步提升。这对于乒乓球运动的观赏性以及推广来说是极好的事情，但是对于运动员的体能以及球拍的性能也是一种挑战。

图 1-15　世界上第一颗乒乓球

橡胶　　软木

图 1-16　早期橡胶球和软木球

图 1-17　红双喜牌 38mm 赛璐珞球

图 1-18　红双喜牌 40mm 赛璐珞球

图 1-19　里约奥运会用球（红双喜 40+ 塑料球）

三、无机胶水的使用

日本乒乓球协会从 2004 年开始，提出有机胶水在使用时有较大的气味，含有有毒物质，进而呼吁禁用有机胶水，经过 3 年多时间的博弈，国际乒乓球联合会决定从 2007 年 9 月 1 日开始，不再使用有机胶水，取而代之的是无毒的水溶性无机胶水。有机胶水因为其有很好的挥发性而受到运动员的喜爱，许多乒乓球运动员或者爱好者喜欢在比赛开始时灌胶，灌胶时胶水的挥发性气体进入海绵孔，海绵得以膨胀，球拍的弹性得到了大幅度的增长，这对于快攻型选手无异于如虎添翼，但是有机胶水在使用时由于挥发性气体而带有一定的毒性，对于运动员的健康会造成一定的影响。无机胶水的使用虽然改变了运动员对于胶水膨胀带来良好速度的依赖，但是从比赛的观赏性和运动员的健康角度出发，无机胶水的使用都是符合历史发展的。无机胶水对于运动员的影响也较为明显，运动员在技战术的使用上都需要进行较大的调整。无机胶水的使用对于快攻型以及力量型运动员的影响较大，如郭跃、王励勤、柳承敏等，但是均衡型运动员却因此迎来了一个新的机会，如马龙、王皓在无机时代的均衡性得到了很好的展现。器材方面，在无机胶水使用后，各类产商加大了内能型胶皮的开发，以满足运动员对于速度和力量的追求。

第三节　乒乓球技战术打法演进与乒乓球拍

一、乒乓球发展五阶段

乒乓球自诞生以来，其技术和打法的演进过程大致可以分为五个阶段，即削球、中远台单面长抽、近台快攻、快弧与近台快攻、弧圈球主导，具体见表1-1，乒乓球打法演进五阶段表。

表 1-1　乒乓球打法演进五阶段

阶段	打法	代表性国家	主要器材
第一阶段 （1926—1951）	削球	匈牙利	胶皮拍
第二阶段 （1952—1959）	远台单面长抽	日本	海绵拍
第三阶段 （1960—1969）	近台快攻	中国、匈牙利、瑞典	正胶海绵拍

阶段	打法	代表性国家	主要器材
第四阶段 （1970—1987）	快弧与近台快攻	中国、瑞典	两面反胶
第五阶段 （1988—）	正、反胶近台快攻＋直拍横打 横拍近中台快攻结合 拉冲弧圈 横拍弧圈结合快攻 横拍攻削结合与削攻结合	中国 法国、瑞典、德国 比利时 克罗地亚、白俄罗斯、 瑞典、中国	两面反胶

二、乒乓球打法演进与乒乓球拍的发展

　　速度与旋转在这个过程当中扮演着重要的角色，各种打法之间相互制约、共同发展，一些将竞技五要素和制胜因素发挥到极致的打法得到不断的发展，反之，一些无法将竞技要素和制胜因素发挥到高水平的打法则面临着淘汰的风险。从上表来看，乒乓球发展五个阶段的演进离不开五个竞技要素和五个制胜因素的不同组合，同时也与当时的主要器材的性能息息相关。在第一阶段，乒乓球胶皮拍的出现为运动员制造出强烈的旋转提供了条件，旋转这个竞技要素成为最为主要的制约因素，以防守为主的削球打法成了主流打法，通过旋转制约其他竞技因素，赢得了一个相当长的生存时期。海绵拍的出现得以让运动员用速度来克制削球运动员的旋转，日本的中远台单面长抽打法推动着乒乓球打法进入进攻为主的第二阶段，用海绵拍的进攻打法击溃了欧洲以旋转为主的削球打法，速度压制旋转的单面长抽打法使得日本夺取了这个阶段的主要冠军。中国乒乓球队通过使用正胶海绵拍获得了第三阶段的主要冠军，并总结了"快""准""狠""变""转"的制胜因素，以中国为代表的直拍近台快攻打法成为世界主流打法。反胶的使用使得旋转与速度之间的较量再次搬上乒乓球演变的历史舞台，日本队使用反胶球拍，创新性地发明了弧圈球打法，通过旋转来制约速度，欧洲将这项技术与中国队的快攻打法相融合，对亚洲国家产生了强烈的冲击，因此，第四阶段实为欧亚速度与旋转的再一次对抗。从第五个阶段开始，也就是1988年汉城（现称"首尔"）奥运会之后，乒乓球结束了单一的制约和反制约，如第一阶段的以转制快，第二阶段的以快制慢，第三阶段的以快制转，第四阶段的以转制转，进入了整体制约与重点制约相结合的高级发展阶段。乒乓球打法演进过程中出现的部分球拍，如图1-20至图1-24所示。

13

图 1-20　乒乓球起源时所用的穿线拍

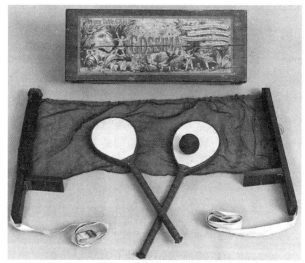

图 1-21　乒乓球发展初期所用的羊皮纸拍

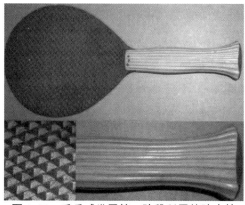

图 1-22　乒乓球发展第一阶段所用的胶皮拍

图 1-23　乒乓球发展第二阶段所使用的海绵拍

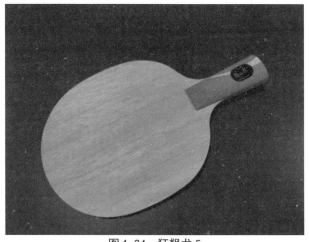

图 1-24　狂飙龙 5

　　从以上的图片来看，乒乓球技战术打法的演进与乒乓球拍技术的发展相互促进，速度与旋转之间的联系与制约形成了不同的技战术打法，乒乓球器材的发展也为技战术的发展提供了支撑，技战术的不断演进对乒乓球拍的材质提出了更高的要求。

第二章　乒乓球拍的基本结构

乒乓球由网球派生而来，因此在乒乓球发展初期，球拍为缩小版的网球拍，其场地也为缩小版的网球场地，只不过将网球场地搬到了桌上进行（如图 2-1 所示）。随着胶皮拍、海绵拍的出现，再到现在乒乓球拍百花齐放的局面，从木板到贴有覆盖物，从单胶皮、单海绵到套胶，乒乓球拍的发展越发成熟，乒乓球规则中对于球拍的规定也更加完善。乒乓球运动发展至今，我们说一块完整的乒乓球拍，它至少应该包括底板、覆盖物、黏合剂三个基本部分，这也是乒乓球拍的基本结构。

图 2-1　乒乓球发展初期的球台

第一节 底 板

一、底板的结构

乒乓球的底板作为乒乓球拍的核心部分，它决定着整个球拍的性能。它可以由一块单独的木板制成，也可以由多块木板纵横交错叠放黏合为一体。单独的木板制成的底板一般为桧木拍，桧木有较好的弹性，击球后球的速度快，比较适合进攻型选手。市场上见到的日式直拍大部分为桧木拍，如蝴蝶 22880 金泽洙、骄猛柳白金等。当然市场上也存在一些 CS 和 FL 手柄的单桧板，如达克 speed 90、达克 700 等，桧木属于珍贵型木材，所以桧木拍价格都比较昂贵。除了单桧木板，其他为合成板，大部分为 5 层或者 7 层板，如图 2-2、2-3 所示，当然也有较好的 9 层板、11 层板、13 层板，甚至有 17 层板，但是其重量都得到了比较好的控制。多层板的结构多为奇数层，这主要是因为多层板的结构当中主要有三个部分，以 5 层板为例，最中间的一层为芯材，芯材外面各覆盖一层力材，最外面各覆盖一层面材，中间的芯材比较厚，吃球时间长，且其整体比较薄，在打球时能够提供良好的形变，可以制造出较好的弧线，非常适合于弧圈球打法运动员。还有一种经典结构为 7 层板，这类板主要满足了运动员对于速度的追求，自 21 世纪改大球以来，7 层板也相对显得温和了不少，许多添加了科技复合纤维材料的底板（如图 2-4 所示）受到运动员的喜爱，如芳基碳、玻璃纤维、碳纤维等。部分运动员所用球拍的底板情况，如表 2-1 至 2-3 所示。

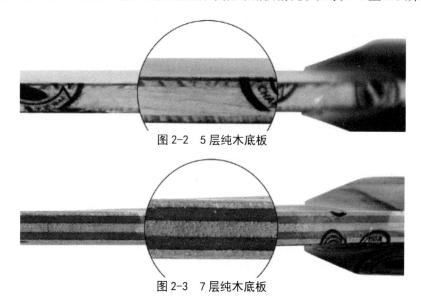

图 2-2　5 层纯木底板

图 2-3　7 层纯木底板

图 2-4　复合纤维材料底板

表 2-1　部分运动员使用 5 层纯木底板球拍

运动员	使用底板
瓦尔德内尔	DONIC-WALDNER DICON
王励勤	DHS H-WL
马琳	YASAKA EXTRA
刘国正	DHS H-LG
王楠	DHS H-WN
张怡宁	Butterfly
阎森	YASAKA EXTRA
郭焱	DHS H-GY
帖雅娜	STIGA TUBE Offensive

表 2-2　部分运动员使用 7 层纯木底板球拍

运动员	使用底板
刘国梁	斯蒂卡 CL
王涛	尼塔库 Avalox P700
陈静	蝴蝶 Butterfly CLEARFIELD
唐鹏	斯蒂卡 CL
张莹莹	斯蒂卡 CL-WRB
杨影	斯蒂卡 CL
邓亚萍	红双喜 -08

表 2-3　部分运动员使用纤维底板球拍

运动员	使用底板
张继科	蝴蝶 VIS
马龙	红双喜狂飙龙 5
波尔	蝴蝶 BOLL ALC
吴尚垠	Butterfly PRIMORAC CARBON
林高远	蝴蝶 VIS

运动员	使用底板
王楚钦	蝴蝶 VIS
朱雨玲	红双喜狂飙龙 5
陈梦	斯蒂卡碳 45
刘诗雯	斯蒂卡碳 45
庄志渊	DONIC CHUAN SENSO CARBON

二、底板的性能

一块底板的性能我们一般从三个维度进行描述，即底板的弹性、硬度、底劲。弹性指的是底板在击球之后产生的形变作用于球的速度的快慢，具体体现在球拍的脱板速度：底板弹性越大，球拍的脱板速度越快；底板弹性越小，球拍的脱板速度越慢。球拍的硬度体现在球拍的吃球能力上，即球拍在击球时球拍的形变能力。硬度大的球拍吃球能力稍弱，运动员主观感觉球在拍上停留的时间短，接触面积小；硬度小的球拍则相反，形变能力强，运动员在击球时感觉球在球拍上停留的时间长，接触面积大，吃球较深。底劲表示的是球拍力量传递的效率。底劲较好的球拍，运动员用球拍击球后，球在飞行过程中力量损失较小，运动员的发力能够很集中地作用于球，即使退到中远台，打出去的球依旧有较好的速度和旋转；底劲一般的球拍，则往往表现出有点空和散的感觉，会有一种有力用不上的感觉。目前市场上的球拍介绍中有用速度和控制两个指标来描述底板的性能的，也有用球拍的类型来描述底板的性能的（如图 2-5 所示）。

图 2-5 亚萨卡底板表层性能描述

如图 2-5 所示，亚萨卡底板上有七个性能框，箭头指向哪一个框说明底板的性能属于哪一个类别，底板上具体的解释如下表 2-4 所示。

表 2-4 底板表层性能表述及释义

底板性能	释义
DEF	防守型
ALL-	全面软型
ALL	全面型
ALL+	全面硬型
OFF-	进攻软型
OFF	进攻型
OFF+	进攻硬型

当然也有一些品牌底板系列比较多,其用四个象限对球拍的性能进行区分。图 2-6 是斯蒂卡系列底板的性能描述:第一象限为底板较硬,偏向于进攻的打法,越靠右上方,则表示底板越硬,速度越快,如 CC7、黑檀 7、玫瑰 7 等;第二象限为底板较硬,适合于弧圈打法的运动员,这类底板较少;第三象限则是底板较软,适用于弧圈打法,越靠近左下方的底板越软,越适用于弧圈的制造,如 ACCR、ACWRB、纳米 AC 等;第四象限为底板较软,适合进攻型打法,如玫瑰 CL、7.6CRWRB 等。

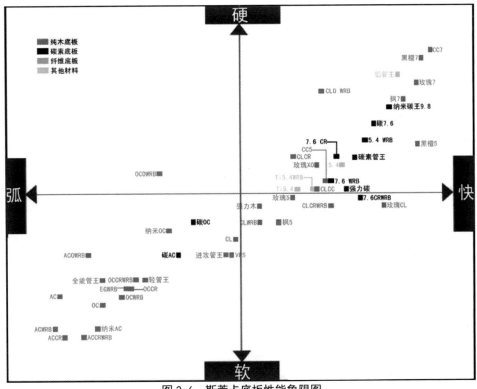

图 2-6 斯蒂卡底板性能象限图

21

三、底板的材料

目前市场上大部分的底板都是合成板，底板的性能很大程度上取决于底板木材的类型。规则中规定底板的 85% 以上都是天然木料，但是不同的木料做成的球拍性能又各不相同。如国产的用于制造乒乓球底板的木材中，桦木、椴木的硬度较大，适用于进攻，但是其质量较重，而桐木则偏软，持球性能较好，其质量较轻。因此，国产的底板中，往往用椴木与桐木搭配使用，在满足运动员对于速度的追求的基础上，又能保持较轻的重量。目前市场上用得比较多的制造乒乓球底板的木材主要有阿尤斯、林巴、寇头、云杉等，具体性能见表2-5。

表 2-5　常见的用于制造乒乓球底板的木材及性能

木材类型	性能	适用	产地
桧木	轻、弹、韧	芯材，单板	日本
阿尤斯（Ayous）	轻、韧	面材，芯材	非洲
林巴（Limba）	脆性大，纤维长，耐潮湿	面材	南美洲
寇头（Koto）	脆性大，纤维长，耐潮湿	面材	非洲，亚洲
胡桃木	质偏硬，黑棕色，韧性大	面材	中国，缅甸，北美
椴木	质地硬，重量	力材	中国
桐木	材质轻、软，强度低，音质清脆	芯材	亚洲
云杉	材质轻、软，中等强度	力材	中国
柳桉	木质偏硬，纤维长、弹性大	力材	菲律宾

随着球体的不断变大以及无机胶水的推行，比赛的回合在增多，比赛中对于运动员的体能要求越来越高，运动员对于速度的追求也在不断地提升，因此，许多科技复合纤维材料在乒乓球底板中的添加也越来越符合乒乓球发展的趋势。如成就大满贯（获得世界杯、世锦赛、奥运会三大赛冠军）时间最短的张继科所用的蝴蝶王（如图 2-7 所示），其底板结构为五层木板加两层芳基碳素，又如世界乒坛历史上第 10 位大满贯运动员马龙在里约奥运会乒乓球比赛中所使用的红双喜狂飙龙 5（如图 2-8 所示），其结构为七层芳碳纤维板。

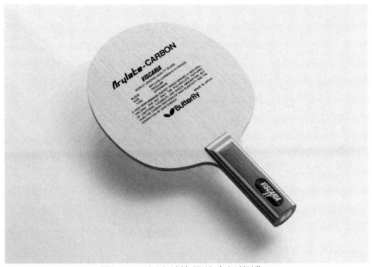

图 2-7　张继科使用的底板蝴蝶王

图 2-8　马龙使用的底板狂飙龙 5

　　从运动员使用底板的趋势来看，添加纤维板已经成为运动员的青睐对象之一。在大球时代，复合纤维底板能够增加击球的威力，且其性能稳定，工艺成熟，生产周期短，受到运动员的喜爱是必然的事情。我们常见的添加在乒乓球底板中的复合纤维材料主要有四种，即碳素纤维、芳基纤维、芳基碳素混织纤维、玻璃纤维，如图 2-9 至 2-11 所示。四种纤维材料的物理性能不同，因此在击球时，其震动幅度、频率、振动减衰时间都有比较大的差别，如图 2-12 所示。

图 2-9　芳基纤维

芳基纤维的韧性很强，一般的剪刀基本剪不断，且其质量很轻，减震效果良好，也是做避弹衣的良好材料，添加这种纤维的底板能够很好地吃住球，底劲强。

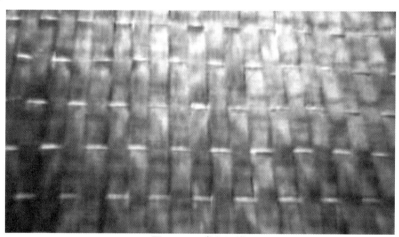

图 2-10　碳素纤维

碳素纤维是目前市场上使用较多的一种材料，碳素纤维表现出强度高的特点，击球后振动幅度小，因此球脱板很快，适合快攻型选手使用。

图 2-11　玻璃纤维

玻璃纤维材料常见于田径运动中的撑竿跳所使用的撑竿，使用玻璃纤维制造的撑杆具有很好的延展性和回弹力。玻璃纤维强度高，因此使用玻璃纤维制造的底板击球手感柔和。

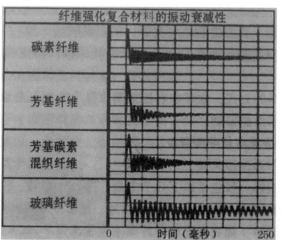

图 2-12　不同复合纤维材料振动的衰减程度（依王吉生，2001）

四种复合纤维材料材质不同，经过物理测试，每种材料显现出明显的差别，下面我们通过一个表格来清晰地比较四种材料的性能以及表现出来的击球手感，见表 2-6。

表2-6　不同复合纤维物理性能及适合打法分析

纤维类型	碳素纤维	芳基纤维	芳基碳素混织纤维	玻璃纤维
震动幅度	最小	最大	适中	适中
震动频率	最高	较低	适中	最低
减衰时间	较慢	最快	较快	最慢
手感	最硬	柔和	软硬适中	柔和
性能	击球弧线平，球速快	反弹力集中，吃球深	击球稳定有力	吃球深，经济型
适合打法	快攻型	弧圈型	弧圈型、快弧型	弧圈型

当前市场上的底板大多添加了各式各类复合纤维，尤其是改使用塑料材质乒乓球以后，添加复合纤维的底板受到乒乓球运动员和爱好者的追捧。而且纯木底板的优势也较为明显，因此在底板市场上也是比较强劲的存在，当然，同样的结构与木材，厂家工艺水平的参差不齐，也会造成底板性能的不同，下面我们简单列举国内外部分底板生产品牌及其部分产品。

表2-7　国内乒乓球底板品牌及部分产品

品牌	部分产品
红双喜（DHS）	狂飙系列；劲极系列；天极系列；天罡系列；魔幻系列；风系列
银河（GALAXY）	N系列；地球系列；MC系列；金星系列；T系列；紫龙系列；邱贻可系列
世奥得（SWORD）	阿波罗系列；剑系列
拍里奥（PALIO）	WAY系列；能量系列；传奇系列；无形系列；奥特菲博系列；A系列；B系列；C系列
郗恩庭	幻彩系列；幻影系列；花梨系列
双鱼（DOUBLE FISH）	猎影系列；中国狂系列；烧碳CQ系列
友谊729	Z系列；玫瑰木系列；芳碳系列；海豚系列

表2-8　国外乒乓球底板品牌及部分产品

品牌	部分产品
STIGA（斯蒂卡）	CL系列；OC系列；AC系列；玫瑰系列；黑檀系列；碳素系列；红黑碳王系列
BUTTERFLY（蝴蝶）	纯木系列；ZLC；ZLF；ALC；ULC；AL；T500；单桧系列
YASAKA（亚萨卡）	YE系列；马琳系列；其他系列
DAKER（达卡）	单桧系列；桧木碳素系列
NITTAKU（尼塔古）	马龙系列；龙卷风系列；鸟系列；弦乐器系列

第二节　覆盖物

与乒乓球发展初期不一样，在现行规则下，球拍用来击球的一面必须有颗粒朝外或者颗粒朝内的覆盖物进行覆盖，且对其整体厚度进行了规定，那么球拍必须有一面是有覆盖物的，没有覆盖物的一面不能用来击球，且无论是否有覆盖物，球拍的两面都要没有光泽，一面为鲜红色，一面为黑色。规则对于覆盖物的规定在乒乓球发展初期相对宽松，对于覆盖物的限制相对较小，覆盖物对于击球的性能影响也没有现在这么明显，乒乓球拍的覆盖物经历了从线到羊皮纸，从羊皮纸到光板，再到胶皮、砂纸、海绵等的过程，覆盖物的发展也伴随着乒乓球技战术打法的演进而进步。根据球拍覆盖物颗粒朝里还是朝外，我们将覆盖物分为颗粒胶和反胶两种，颗粒胶与反胶在性能方面存在较大差异。吴焕群通过对中国乒乓球队的若干项技术项目的测试和研究来比较正胶、反胶之间的旋转差异性，张晓蓬则对不同厚度海绵胶皮拍拉球的旋转进行了比较，如表2-9和表2-10所示。

表2-9　国家队和青年队运动员反胶和正胶4项技术的转速比较（单位：转/秒，n为样本量）

	加转弧圈球			前冲弧圈球			加转搓球			正手下旋球		
	$\overline{X}$	M	n	$\overline{X}$	M	n	$\overline{X}$	M	n	$\overline{X}$	M	n
正胶	112.1	129.6	5	121.6	136.8	6	44.9	65.9	6	38.6	51.7	3
反胶	131.9	148.6	18	137.2	155.0	17	55.6	75.0	18	52.8	74.3	3
P	≪.01	≪.01		≪.01	≪.01		≪.01	<.05		<.02	<.05	

（依吴焕群等，1987）

表2-10　不同厚度海绵胶皮拍拉球旋转的比较

	胶皮厚度（mm）	海绵厚度（mm）	胶皮海绵厚度（mm）	海绵硬度	转速（X）（转/秒）	S	N	T	P
反胶A	1.82	2.1	3.92	48	107.4	7.6	153	9.5	≪.01
反胶B	1.75	1.3	3.05	50	99.2	8.4	104		
正胶A	1.22	2.1	3.32	40	91.1	7.6	149	6.4	≪.01
正胶B	1.3	1.5	2.8	35	86.2	9.0	137		

（依张晓蓬等，1995）

测试研究的结论表明：反胶摩擦球的旋转大于正胶摩擦球的旋转，反胶削球的旋转大于长胶削球的旋转，削球的旋转小于拉弧圈球的旋转；海绵厚度在拉球的旋转上，海绵厚度厚的大于海绵厚度薄的。

一、颗粒胶

颗粒胶即颗粒朝外的胶皮，有单胶皮和带海绵的颗粒胶，那么根据颗粒的性能不同、高度与直径比的不同，以及硫化程度的不同，颗粒胶又分为正胶、生胶、长胶三种。

（一）正胶

正胶为颗粒的高度与颗粒的直径之比为 1 ：1 的胶皮（如图 2-13 所示），这种胶皮硫化程度低，透明度低，其特性是拥有较好的弹性，击出去的球速度快，自身无法主动制造很强的旋转，且对于对方的旋转也能够很好地适应，不吃转，鉴于正胶的这种特性，其受到快攻型打法的青睐。20 世纪我国的传统直拍正胶快攻打法的成功便是得益于正胶的这些特性，直拍快攻打法造就了一批又一批的世界冠军，如新中国第一个世界冠军容国团、直拍正胶两面攻庄则栋、乒坛智多星徐寅生等。直到 20 世纪 80 年代末 90 年代初，直拍快攻打法遭遇了使用两面反胶的欧洲军团的阻击，但是以刘国梁为代表的运动员再次将这一打法推向高潮，同时也成就了自身的大满贯。直拍正胶快攻打法充分发挥了速度快的特性，尤其是正手连续攻球，站位近台，动作较小，发力集中，击球点靠前，打上的球威力较大，总结起来为"快""准""狠""变"，快是最主要的，但是也要打得准，能够上台，同时击球凶狠，灵活变化。但是我们也必须清楚地认识到，直拍正胶快攻打法也存在反手位的进攻能力有限，正手位凶狠风险高的漏洞，尤其是在弧圈球的技术越来越成熟的情况下，反手位的平推、平挡已经无法完全抑制对方的旋转，如果是侧身位进攻，那么则容易露出正手位的大空挡。直拍横打技术的创新为直拍快攻打法带来了新的活力，但是也需要借助反胶来解决正手退台相持的问题。

图 2-13　正胶胶皮

正胶胶皮在 20 世纪将近三十年的时间里都占据着比较重要的地位，但是随着旋转的不断强化，世界顶级运动员运用正胶的越来越少。在业余乒乓球爱好者比赛中，依靠站位近台、出球速度快、打出去的球有点下沉等特点，直拍正胶快攻打法依旧占据着重要地位。表 2-11 为国内外市场上的正胶胶皮。

表 2-11　国内外部分品牌正胶胶皮

品牌	性能
TSP Super Spinpips	旋转较强，具有较好的稳定性
尤拉探戈 URTRA	容错率较高，手感柔和，初学者易掌握，属于内能套胶，速度与控制均备
729 802	弹性大，出球速度较快，旋转稍弱，适合近台快攻，常以之配合高弹海绵，价格较为便宜
红双喜 651	速度快，配合硬海绵，力量强，后劲足，适合近台快攻
骄猛 ZAVA	可制造理想的旋转和强劲的弧线，反手推挡自如，价格较为昂贵

（二）生胶

生胶的颗粒直径比颗粒的高度要大，硫化程度相比正胶要高，有一定的透明度，其最大的特点是击出去的球"沉"，摩擦力小，不太吃旋转，在接发球上具有天然的优势，击球的稳定性相比正胶要差点，其速度要比正胶更快，适合弹击，但是稳定性有待提升，因此，需要与薄海绵搭配，以增强其稳定性。经常放在反手搭配，配合正手的反胶，提升在速度、旋转上的变化，增强自身击球的威胁性。如前中国乒乓球队运动员王涛将正手近台快攻结合弧圈与反手生胶近台发力完美结合，将反手生胶打法推向历史高潮。目前，生胶多为女子选手选用，如中国乒乓球运动员木子、日本乒乓球运动员福原爱，以及目前将反手生胶打法再次打出特色的伊藤美诚等。生胶胶皮如图 2-14 所示。表 2-12 为国内外市场上部分品牌生胶胶皮。

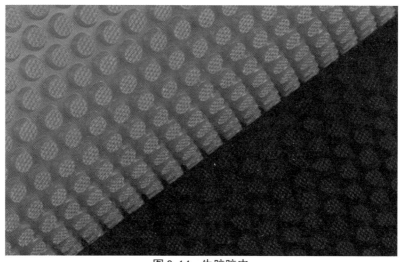

图 2-14　生胶胶皮

表 2-12　国内外部分品牌生胶胶皮

品牌	性能
红双喜闪灵	齿粒顶部的花纹设计使得触球更为灵敏从而增加了摩擦力，胶粒既有良好的形变又有好的弹性，出球速度快，出球怪异，适合快攻型打法
729 563	性能怪异，具有正常颗粒特性，也具有一定长胶反旋转的效果，弹性大，速度快，击球下沉感强
TSP Spectol	击球快，旋转强，较为稳定，适合进攻型选手，经典生胶代表作品之一，前国手王涛曾用
大维 388C-1	弹性大，速度快，击球后运行弧线下沉，适合近台快攻型选手
爱博 kingRoc 鲲鹏	速度快，内能型生胶，摆脱了对有机胶水的依赖

（三）长胶

　　长胶的颗粒高度要大于颗粒的直径，颗粒高度一般都在 1.5mm 以上。其颗粒具有"细""长""软"的特性，在击球时颗粒容易倾倒，故自身无法制造强烈的旋转，主要借对方的击球来旋转。击出去的球具有反旋转、飘忽不定的特性。当对方运动员的击球力量较大或者击出旋转较强的球时，长胶的颗粒倒向幅度增大，颗粒恢复形状时使球产生强烈的旋转，这也是我们常常见到的攻削大战中出现一方拉得球越转，另外一方长胶运动员削得越转的现象。长胶的反旋转特性是其优点，许多业余爱好者往往能够利用长胶的这个特性在球场上发挥到自身的技战术特长。当然也有许多削球运动员利用这个特性将削球打法发挥到极致，在现在的球越来越大，旋转越来越弱的情况下尤为适用，但是不建议初学者一开始就使用长胶，尤其是少年乒乓球运动员，因为长胶反旋转的性质容易对运动员的球感培养造成较强的干扰。长胶胶皮如图 2-15 所示。表 2-13 为国内外市场上部分品牌长胶胶皮。

图 2-15　长胶胶皮

表 2-13　国内外部分品牌长胶胶皮

品牌	性能
红双喜 C8	颗粒超长，中国队曾经的秘密武器，单胶皮怪异程度高，但是控制能力弱，失误率高，搭配海绵控制力提升，怪异程度降低
红双喜云雾 3	胶质韧性强，形变恢复快，颗粒齿粒较长，击球时颗粒倒向无序，出球路线飘忽怪异，适合削球进攻型打法
大维 388D-1	击球后的速度快，旋转怪异，进攻性能好，容易掉颗粒
友谊 729 755	颗粒比较硬，适合进攻
友谊 729 837	颗粒比较软、细，防守稳健，适合削球
TSP curl p-4	软海绵，控球感好，容易制造反旋转，适合削球
挺拔 GRASS	攻守兼备，比较好掌握，胶皮颗粒柔软，韧性好，控球效果出色

二、反胶

颗粒向内结合海绵的套胶属于反胶，乒乓球运动相关规则中规定连同黏合剂，套胶总体厚度不得超过 4mm。反胶的特点是胶皮表面比较黏，与球的接触面积广，能够制造很强的旋转与良好的弧线，使速度与旋转能够很好地融为一体，击球稳定，适合弧圈型打法运动员与弧圈结合快攻型打法运动员，目前大部分世界顶级运动员正手使用反胶胶皮，如马龙、许昕、樊振东、波尔、奥恰洛夫、丹羽孝希、刘诗雯、陈梦、丁宁等等。反胶胶皮根据其黏性与海绵的不同，我们又可以将其分为黏套和涩套。黏套的表面胶皮黏性很强，适合主动制造摩擦，有的新的胶皮可以将球直接粘起来，其海绵比较硬，击球时能给予良好的力量支撑；涩性胶皮的表面黏性相对较小，海绵软，击球后形变较大，恢复也快，因此其弹性比较大，适合主动发力。我们常能看到许多业余爱好者一般正手配以黏性套胶，反手配以涩性套胶。反胶套胶如图 2-16 所示。表 2-14 为国内外市场上部分品牌反胶胶皮。

图 2-16　反胶套胶

表 2-14　国内外部分品牌反胶胶皮

品牌	性能
红双喜狂飙 3	胶皮黏性强，厚海绵，后劲足，耐用，但需要配合有机胶水才能更好地发挥其性能，适合弧圈快攻型选手在正手使用
红双喜天极系列	无机时代王皓曾用套胶，使用 NEO 海绵，形变恢复快，给予击球足够的力量支撑，能够制造出强烈的旋转，中台弧圈球威力出色
729-08ES	回弹性佳，弥补了传统海绵依赖灌胶才能发挥性能的不足，中远台对拉表现出色，适合正手
729 焦点系列	国内开发较早的涩性套胶，配合日系海绵，无须有机胶水便能发挥自身弹性，速度快，海绵形变大，适合反手
蝴蝶 T64	速度型内能涩性反胶，出球弧线平直，弹性强，张继科、水谷隼、刘诗雯等著名运动员曾反手使用
蝴蝶 T05	旋转型内能涩性反胶，旋转性能出色，高张力胶皮配合高弹性海绵，其控制性能出色，波尔、柳承敏曾用
多尼克 F 系列	德国内能涩性反胶，有着极快的速度，便于弹击、快带等技术的发挥，台内控制技术不太好操控，适合快攻弧圈型打法运动员使用

颗粒胶可贴单胶皮在底板上进行使用，也可配合海绵进行使用，其性能也有所区别，尤其是长胶，使用单胶皮进行击球，其怪异性会得到加强，但是其稳定性较差，如果配合海绵使用，那击球的稳定性将得到提升，但是牺牲的是其怪异性。反胶胶皮的海绵有硬海绵和软海绵。硬海绵给予球的支撑力较好，如红双喜狂飙 3 的海绵，在中远台的对拉及对攻中能够为击球带来良好的力量支撑。软海绵形变能力强，吃球深，往往适合反手。海绵的硬度反映了其对压力的回弹力，与出球速度有着紧密的联系。国内对于海绵的硬度有两种标准，主要根据其测试方法不一样，分为邵氏硬度 W（如 729）和邵氏硬度 A（如红双喜），两者之间的换算如表 2-15 所示。

表 2-15　海绵硬度对照表

海绵硬度标准	邵氏硬度 W	邵氏硬度 A
特硬	49+	41+
硬	49	41
	48	40
	47	39
中	46	38
	45	37
	44	36

海绵硬度标准	邵氏硬度 W	邵氏硬度 A
软	43	35
	42	34
	41	33
特软	41 以下	33 以下

与往常需要自己选择胶皮和海绵进行黏合不一样的是，目前市场上配备的都是套胶，由乒乓球运动员或者爱好者自行选择海绵的厚度。那么不同的胶皮如何选择厚度和硬度成了一个比较令人困惑的问题，结合实际，不同胶皮与海绵厚度与硬度搭配一般有个大概的匹配，如表 2-16 所示。

表 2-16   不同胶皮配合海绵厚度与硬度

胶皮	海绵厚度（mm）	海绵硬度（邵氏硬度 W）
反胶	2.1～2.3	40～50
正胶	2.0～2.2	35～40
生胶	0.8～1.8	40～45
长胶	0～0.8	—

第三节   黏合剂

底板和覆盖物之间变成完整的一块球拍，还需要黏合剂的使用。传统的有机胶水有两种作用，既是一种黏合胶体，也是一种有机溶液。黏合胶体的主要作用是将底板、海绵与胶皮三者进行黏合；而有机溶液是一种快干胶水，能够使海绵中的微孔膨胀，增强覆盖物的弹性，但是这种有机溶液是低毒性的、有挥发性的、能溶解黏合胶体的化学溶剂，如天拿水、p- 二甲苯、环己烷、醋酸乙酯、汽油、白电油、乙酸乙酯、正庚烷、丙酮、丁酮等，长期使用对于运动员的身体健康会造成一定的影响，因此，有运动员提出要求使用环保健康的无机胶水。在国际乒乓球联合会的要求下，有机胶水在 2008 年 9 月 1 日开始退出乒乓球正规比赛的舞台，无机胶水正式垄断乒乓球正规比赛的黏合剂使用领域。无机胶水只是一种黏合剂，其成分中不含有有机物，无色无味，没有有机胶水膨胀海绵的效果，所以在许多业余比赛中，还是有许多乒乓球爱好者使用有机胶水。有机胶水与无机胶水优劣势比较如表 2-17 所示。

表 2-17　有机胶水与无机胶水优劣势对照表

类型	优势	劣势
有机胶水	1. 膨胀海绵，使得球拍击球效果提升 2. 易挥发，干得快 3. 价格低廉	1. 气味重 2. 低毒性 3. 胶皮膨胀，第二次粘贴容易超出板边较多
无机胶水	1. 无色无味 2. 健康环保 3. 不膨胀	1. 干得慢 2. 除胶麻烦 3. 价格昂贵

第三章　如何选择适宜的乒乓球拍

第一节　根据不同要求选择适宜的乒乓球拍

一、国家标准对球拍的要求

对于乒乓球拍、乒乓球台、乒乓球网的质量要求，国家参照国际乒乓球联合会对于球拍和胶皮的规定，出台了相应的文件对其标准进行规范。《中华人民共和国国家标准：乒乓球拍》（后简称"《标准》"）由全国文体用品标准化质量检测中心归口，由上海乒乓球拍厂负责起草，天津、广州、青岛球拍厂参加起草工作，适用对象为各式各类比赛所用的乒乓球拍。该《标准》从乒乓球拍的产品分类、技术分类、实验方法、检验规则、标志、包装、运输、储存等方面进行了阐述。通过表 3-1 可以了解《标准》中对于乒乓球拍外观质量指标及合格质量水平的规定。

表 3-1　乒乓球拍国家标准（部分）

序号	项目		规定		
			优等品	一等品	合格品
1	开胶		无	无	无
2	缺粒	正胶粒片			
3		反胶粒片			
4	胶粒片、海绵、黏合剂的总厚度（mm）		≤ 4.00	≤ 4.00	≤ 4.00
5	胶粒片、黏合剂的总厚度（mm）		≤ 2.00	≤ 2.00	≤ 2.00
6	板面		平整	平整	平整
7	拍背面涂色光泽度（度）		≤ 6	—	—
8	反胶粒表面光泽度（度）				

续表

序号	项目	规定		
		优等品	一等品	合格品
9	粒顶直径（mm）	≥1.00	≥1.00	
10	底部直径（mm）	不小于粒顶直径	不小于粒顶直径	
11	胶粒之间的空间距离（mm）	≥0.50	≥0.50	—
12	粒表面与底皮位置	平行	平行	
13	粒中心轴与底平面位置	垂直	垂直	
14	粒高（mm）	≥0.50	≥0.50	
15	相交齿较行夹角（锐角）（°）	60	60	
16	粒密度（个/cm²）	10～50	10～50	
17	拍表面露面处	完整光洁	较完整光洁	较光洁
18	商标	完整	完整	完整
19	胶粒片色泽	均匀	较均匀	—
20	底板与海绵胶粒片黏合力（N）	≥4	≥4	≥4

上述 20 条中，部分可采用目测的方式进行试验与检测，如开胶、缺粒、板面、商标等，还有部分需要用到专业的仪器进行测量，如胶皮的总厚度需要用游标卡尺进行测量，反胶胶皮光泽度需要用 EEL 光泽仪测定，粒密度需要用 1cm*1cm 的标准孔测定颗粒胶的个数，等等。

二、乒乓球规则对球拍的要求

《乒乓球竞赛规则》（2016）（后简称"《规则》"）对于球拍的规定有八条，不管是专业运动员，还是业余乒乓球爱好者，都需要了解《规则》中对于球拍的规定，以免在比赛前或者比赛后的球拍检测中被检测认定为球拍不合格，从而导致成绩被取消或者面临处罚。表 3-2 是《规则》中对于球拍的规定以及其具体释义。

表 3-2　《规则》中对于球拍的规定

序号	具体规则
1	球拍的大小、形状和重量不限，但底板应平整、坚硬
2	底板厚度至少应有 85% 的天然木料；加强底板的黏合层可用诸如碳纤维、玻璃纤维或压缩纸等纤维材料，每层黏合层不超过底板总厚度的 7.5% 或 0.35 毫米

序号	具体规则
3	用来击球的拍面应用一层颗粒向外的普通颗粒胶覆盖，连同黏合剂厚度不超过 2 毫米；或用颗粒向内或向外的海绵胶覆盖，连同黏合剂厚度不超过 4 毫米
4	"普通颗粒胶"是一层无泡沫的天然橡胶或合成橡胶，其颗粒必须以每平方厘米不少于 10 颗、不多于 30 颗的平均密度分布整个表面
5	"海绵胶"即在一层泡沫橡胶上覆盖一层普通颗粒胶，普通颗粒胶的厚度不超过 2 毫米
6	底板、底板中的任何夹层以及用来击球一面的任何覆盖物及黏合层均应为厚度均匀的一个整体
7	球拍两面不论是否有覆盖物，必须无光泽，且一面为鲜红色，另一面为黑色
8	球拍覆盖物不得经过任何物理的、化学的或其他处理
9	由于意外的损坏、磨损或褪色，造成拍面的整体性和颜色上的一致性出现轻微的差异，只要未明显改变球拍的性能，可以允许使用
10	比赛开始前及比赛过程中，运动员需要更换球拍时，必须向对方和裁判员展示他将要使用的球拍，并允许他们检查

　　上述表格仅仅阐述了《规则》中对于球拍的规定，包括底板、覆盖物的类型及厚度、覆盖物的颜色，以及比赛中的使用等，从大的方向对于球拍的合法性进行了描述，但是其具体操作方法，即正规比赛中对球拍的检测如何进行，从哪些方面进行检测并没有做详细说明。在业余乒乓球比赛中，球拍的检测以及可使用性往往由裁判长结合比赛实际情况确定其接受程度。如一些群众性全民健身比赛，如果完全按照全国性比赛球拍检测的相关规定来执行，那么很有可能有一大部分乒乓球爱好者的球拍不合格，如颗粒胶掉粒、胶水使用、覆盖物完整性等都会有问题，这需要裁判长统一尺度并进行控制。又如少儿乒乓球比赛中，裁判长对球拍的合法性问题控制得比较严格，目的是希望少儿乒乓球运动员能够尽早养成好的习惯，了解球拍合法性的相关规定并认真执行。

　　在全国性的乒乓球比赛中，一般都会设立球拍检测中心，球拍的检测往往根据运动员自身的意愿进行。赛前检测不合格的球拍，运动员可以不使用这块球拍，用自身携带的备用球拍进行比赛，且不会受到处罚；如果运动员的球拍赛前没有接受检查，在赛后检测中球拍检测不合格，则运动员该场比赛的成绩将被取消；如果运动员在球场上球拍损坏严重到无法使用的地步，运动员可使用携带的备用球拍，经裁判员简单检查后合格可使用该球拍进行比赛，但是在比赛后需要对该球拍进行球拍检测。通常会设立球拍检测中心，在每场比赛开始前，将由球拍检测中心采用随机抽查或者全部检测的方式进行，球拍检测中心将需要检测的运动员名单通知临场裁判员，临场裁判员在检录处将球拍收好后送到球拍检测中心，由球拍检测中心对运动员的球拍进行检测，球拍的检测将从胶水的使用、覆盖物的厚度、球拍的平整度、覆盖物表面光泽度、覆盖物的合法性等方面进行，具体操作及标准见表3-3。

表21　全国性比赛球拍检测内容、仪器及标准

检测内容	检测仪器	检测标准
水溶性胶水	enez®byWassing	挥发物浓度 ≤ 5ppm
覆盖物厚度	电子厚度仪、放大镜、卡尺	≤ 4mm
球拍平整度	电子平度仪、尺子、厚度规	≤ 24°
覆盖物表面光泽度	测光仪（GlossCheckerIG-331）	≤ 6°
覆盖物合法性	—	国际乒联公布的最新LARC表

球拍的检测通过后，需由裁判员保管运动员的球拍。若运动员的球拍检测未通过，则需要运动员进行球拍的更换，如果是赛后检测未通过，则运动员该场比赛的成绩将被取消。

第二节　不同人群如何选择适宜的乒乓球拍

中国乒乓球运动人员基础庞大，不同的乒乓球人群对于乒乓球拍的需求也不尽一致，本研究从实际出发，将从少儿乒乓球运动员与青年乒乓球初学者、大众乒乓球爱好者、专业运动员三个方面分析如何选择适宜的乒乓球拍。

一、少儿乒乓球运动员与青年乒乓球初学者

运动技能是指人体有效完成专门动作的能力，乒乓球的各项技战术都属于运动技能的范畴。乒乓球运动技能形成的标志是动力定型的构建，形成动力定型的过程较为复杂，需要听觉、视觉、运动中枢、位觉等多项中枢系统参加，总体上来说，动力定型的形成需要经历三个阶段，即泛化、分化、自动化，在这三个阶段中不断调整错误动作，巩固正确动作。一旦形成错误的动力定型，后期的改正过程将变得特别吃力，因此，在少儿乒乓球运动员和青年初学者动作学习过程中，需要了解人才培养体系，并搭配适宜的球拍，以形成正确的动力定型。

（一）中国乒乓球后备人才培养体系

中国乒乓球队的辉煌成就离不开乒乓球后备人才培养的梯队建设，长期的实践证明，中国乒乓球三级训练网模式符合乒乓球项目的特点。国家二队作为三级训练网中的枢纽，既为国家队输送冠军人才，也为调动行业体协、省市专业队、职业俱乐部的积极性起到了巨大作用，通过竞赛和集训机制，增强乒乓球后备人才的竞争意识和危机感，实现了人才队伍的流动性。同时，通过给予各地方队伍技术支持、加强基层教练员的培训、保证后备人才经费的投入等措施，确保中国乒乓球后备人才培养体系的正常运行，产出高质量的乒乓球人才。中国后备人才培养三级训练体制如图3-1所示。

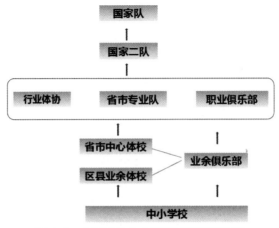

图 3-1　中国后备人才培养三级训练体制

（二）少儿乒乓球运动员与青年乒乓球初学者选择球拍建议

少儿乒乓球运动员与青年乒乓球初学者处于技术基础学习与兴趣培养的阶段，因此在乒乓球拍的选择上需要注意与其身心发展特点紧密结合。中国乒乓球队作为一支长盛不衰的队伍，除了对乒乓球项目的竞技要素、制胜因素的总结与研究，以及对百花齐放、坚持技术创新、三从一大原则、与时俱进技术策略等竞技训练理念的执行，更离不开中国乒乓球后备人才的培养和人才培养生产线的构建。中国乒乓球队在人才生产线的操作实践方面，主要从四个方面着手，即注重对重点打法的扶持，重视后备人才梯队建设，加强基层教练员培训，保证后备人才培养的投入，因此，少儿乒乓球运动员从第一次接触乒乓球运动开始，就应该在正确的道路上前行，以免在培养的路上走弯路，那么从接触乒乓球运动开始，就需要为其准备一块适宜的乒乓球拍。

青年乒乓球初学者也是如此，不管是基于锻炼身体，还是兴趣培养，都需要一块适宜的乒乓球拍作为学习的基础。从笔者的乒乓球教学经验来看，大部分初学者对于乒乓球拍的认识不够，因此在准备器材时，往往容易走弯路，因此，总结相关经验来看，少儿乒乓球运动员和青年乒乓球初学者在选择适宜的乒乓球拍时，需要注意以下几点。

1. 尽量避免选择成品拍

市场上的球拍一般分为两种。一种是厂家直接粘贴好的球拍，这种球拍买来可以直接运用，往往是用一个盒子装上，里面有两块球拍，再配上几颗球，价格在几十块钱到二百元不等。这种球拍适宜将打乒乓球作为娱乐，而两个人没有球拍的情况，优点是价格便宜，易获取，但是这种球拍在击球时弹性和摩擦力有限，无法满足更高的技术要求。还有一种是自己选择合适的底板和胶皮，由专业人员帮忙粘贴，这类球拍能够尽可能地满足少儿乒乓球运动员和青年乒乓球初学者的需求，球拍的弹性和胶皮的摩擦力能够得到保证，但是由于乒乓球底板的胶皮种类过多，没有专业的指导容易产生选择的困惑。

2. 选择握着舒服的球拍

所谓握着舒服，那就需要从拍柄形状、球拍的重量、底板的厚度、虎口的舒适度等多方面进行考虑。拍柄的形状我们前面提到过，直拍有中直、日直，横拍有 FL、ST、AN 柄。那么在选择的时候，少儿乒乓球运动员尽量选择拍柄较薄、较细的底板，如此能够更好地将球拍握住，另外也能够加快挥拍的速度，从小形成良好的握拍习惯。初学者则可以根据自己握拍的习惯，多试一下自己握哪一种手柄更为舒适则选择哪一种。重量方面，少儿乒乓球运动员力量有限，可以选择重量较轻的底板，大多数的乒乓球底板重量在 80～90 克之间，少儿乒乓球运动员可根据自身特性选择 75～80 克之间的底板，不能选择过轻的底板，过轻的底板容易震手，影响手感。青年乒乓球初学者选择底板时也不宜选择过重的球拍，球拍过重会影响球拍的挥拍速度，建议选择 80～90 之间的重量。有些初学者在拿球拍时感觉虎口处不舒适，进而对握拍方式产生了较大的影响，尤其是横拍握法反手攻球时的握拍方式容易让虎口偏离球拍的拍肩，如图 3-2 所示，因此选择球拍的时候还需要考虑拍肩与虎口之间的舒适性，有的通过砂纸打磨能够提高舒适性，但有的则需要慎重选择。

图 3-2　横拍虎口偏离拍肩握法

3. 选择好控制的球拍

球拍的控制主要包括两个方面。一方面是选择手感较好的纯木底板，纯木底板的控制性较好，在处理球上手感更为细腻，契合少儿乒乓球运动员与青年乒乓球初学者技术学习的需要。另外一方面是选择常规的反胶胶皮，且弹性不能太大。反胶胶皮的旋转较为常规，生胶打出去的球下沉，长胶容易产生反旋转，都不太适合少儿乒乓球运动员和青年乒乓球初学者对于技术学习的需要。反胶拥有天然的优势，不管是攻球还是拉球，抑或是台内球的处理，其在旋转方面都表现得更为正常。表 3-4、3-4 为笔者推荐的适合少儿乒乓球运动员及青年乒乓球初学者使用的底板及胶皮（反胶）。

表 3-4　少儿乒乓球运动员与青年乒乓球初学者底板推荐

品牌	性能
银河 MC-2	纯木的结构，手感扎实，5 层纯木 +2 层微晶使得球拍兼顾了快攻与弧圈，表面的微晶涂层增加了出球速度。属于国产底板中的经典底板
蝴蝶 TIMO BOLL J	蝴蝶公司最新研发的儿童款球拍，主要面向 4 ~ 9 岁儿童这一群体，5 层纯木合板配合较小的板面以及较细的拍柄，适合乒乓球入门学者
蝴蝶 Butterfly XSTAR V	这是一款重视操控及拥有适度弹性的入门级底板。对于那些正在学习正确的挥拍动作培养拉弧圈感觉的选手来说，是一款非常适合基本训练的底板
斯蒂卡 S2000/3000	入门级底板，适合初学者以及有初步乒乓基础的球友使用。5 层纯木结构，让底板的弹性和通透性能更好地发挥，借力较好，进攻更为强烈。手柄选材采用吸湿木材，防滑吸汗，触感细腻，贴合、舒适度更高

续表

品牌	性能
银河 N 系列	银河 N 系列是初学者入门之选,是性价比高的快弧、进攻型底板良好的控球能力是它的看家本领作为银河的初级底板,其主要针对青少年或初学者发力不足所设计,其特点体现在:重量轻,板身厚,力量集中,稳定性好
斯蒂卡 OC	斯蒂卡 OC 有 5 层纯木底板,是斯蒂卡底板系中的传奇款,拥有出色的手感和控制,为技术型的全能进攻选手打造。其有较薄的板身、较厚的芯材,灵敏而底劲十足。球拍受冲击后产生的大幅形变使选手有充分的时间对球进行摩擦
PALIO 拍里奥 KC-1/KC-2	儿童专用底板,采用环保黏合剂,摒弃染色木,63-71G 的重量可预防腱鞘损伤,是初学者的优选。其合理的弹性与控制比有助于儿童初学者建立正确的主动发力的动力定型和处理台内球的手腕调节能力,有利于后期发展。KC-1 小板型,整体厚度略薄于 KC-2,更适合初学儿童。KC-2 标准版型,更偏向弧圈一些
友谊 729 C-1/2/3/5	采用传统夹层构造的 5 层纯木底板,其振动强而柔,控制好,不容易掉球,适中的出球速度使这款底板成了全面型底板新的标准,底板进攻和防守兼顾,较为均衡
红双喜劲极 2/3	5 层纯木结构,力量强大,底劲强劲。手柄表面细腻柔滑,与手接触保持相对适合的摩擦,人性化设计,贴合舒适。稳定的性能,支撑持续不断的进攻,适合向稳进攻型打法发展的乒乓球爱好者

表 3-5　少儿乒乓球运动员与青年乒乓球初学者胶皮(反胶)推荐

品牌	性能
友谊 729 焦点 3	焦点 3 胶面使用特殊涩性处理技术,保持了原有成熟的工艺技术并配以全新储能张力升级技术的日系海绵,无须灌胶即可保持一定的弹性。套胶经过全面升级后角球手感传递清晰、柔和,持球形变较大,可保证稳定的弧线,精准落点控制,海绵厚度为 2.0,相比其他胶皮较轻
友谊 729 纵横普及套	友谊 729 纵横普及套反胶套胶是以一款为满足大球时代球友训练、提高训练套胶性能而研发的套胶。套胶采用了高黏性轻质胶皮使得套胶轻量化且易控球和制造旋转。直拍、横拍,正手、反手均可使用
拍里奥 CJ8000 轻快型	重量较轻,而其弹性不错,出球速度快,黏性很高,增加了对球的控制,是一款适合初学入门者的实惠型套胶
HAIFU 海夫白鲨 2 训练型	韧性好、速度快,特别适合反手近台弹击,快撕、快拉、中台对拉、爆冲都具有出球速度快、力量大等特点,而且在远台有很强的后劲,很容易控球,易掌握,适合反手使用
蝴蝶 Butterfly FLEXTRA	易掌控型反胶胶皮,适合初级选手使用。控球能力超群。回球随心所欲。作为一张易控型胶皮,已具备超越其本身性能的品质

　　球拍在选定之后，不建议经常性换球拍。每一块球拍的性能有较大的差异，换了之后需要一定的时间进行调整和适应，因此，在选好球拍之后需要专注于技术的提升，技术提升之后若感觉球拍的性能需要提升时，再进行球拍的更换，但是也尽可能更换性能相近的球拍。

二、大众乒乓球爱好者

（一）大众乒乓球发展概况

　　乒乓球被誉为我国的国球，在中国有雄厚的群众基础。自容国团获得新中国第一个世界冠军开始，再到乒乓球外交小球推动大球，乒乓球承载的意义远超乎乒乓球本身，再加上乒乓球的场地设施要求较低，乒乓球自然就成了我国群众喜闻乐见的运动项目之一。据前任中国乒乓球队总教练刘国梁介绍，中国的乒乓球人口（一周乒乓球活动两次，一次 60 分钟以上）有将近 1 亿人，其中专业运动员在 2000 人左右，业余体校约 3 万人，以及大众乒乓球爱好者 8300 万人左右。伴随着《中国乒乓球运动第三次创业计划纲要》和《大众乒乓球考级标准》的出台，大众乒乓球爱好者的赛事舞台和活动呈现一片繁荣的景象。

　　1. 中国乒乓球协会会员联赛

　　《中国乒乓球运动第三次创业计划纲要》中强调，要以"会员联赛"和其他系列赛事作为全民健身活动品牌赛事，办好会员联赛总决赛，提升分站赛的质量。中国乒乓球协会会员联赛自 2007 年创办，现已发展成为国内参加比赛人数最多、影响力最大、水平最高的大众乒乓球赛事。以 2018 年中国乒乓球协会会员联赛为例，全年比赛设置 16 站，竞赛项目设有男女团体项目和男女单打项目，每个项目又根据年龄设置不同的组别。2018 年会员联赛第十五站比赛在重庆市丰都县体育馆举行，比赛吸引了来自全国各地 22 个省市、70 个俱乐部的教练员和运动员，共计 458 人参赛，现场如图 3-3、3-4 所示。

图 3-3　2018 年会员联赛丰都站比赛现场照片（作者拍摄于 2018 年 9 月 14 日　丰都）

图 3-4　连续三年参赛的瑞典"三驾马车"（作者拍摄于 2018 年 9 月 14 日　丰都）

　　会员联赛虽然是乒乓球爱好者群众比赛，但是比赛的精彩程度和比赛水平不低，更是吸引了瑞典"三驾马车"（瓦尔德内尔、佩尔森、阿佩伊伦）连续三年参赛。经过三天激烈的角逐，男女团体和男女单打比赛名次全部决出，29岁组由于报名队数不足被迫取消，江西翔伟一队、中山茂商一队、香港乾坤投资一队、贵州福星一队、重庆君乐一队分别夺得男子 30～65 岁以上组别冠军，上海漫道金服二队、重庆双桥乒协一队、重庆君乐一队、贵州老友二队、重庆君乐一队分别摘得女子 30～65 岁以上组别的桂冠，如图 3-4、3-5 所示。分站赛的团体前三名队伍以及单打前三名运动员可获得参加中国乒乓球协会会员联赛总决赛的资格。

男子团体					
29岁组	30岁组	40岁组	50岁组	60岁组	65岁以上组
报名队数不足，取消该组别	江西翔伟一队	中山茂商一队	香港乾坤投资一队	贵州福星一队	重庆君乐一队
	郭志海　贾连刚　王林堃　叶明辉　王伟	范国梁　蒙刚雄　朱震宇	LARS-ERIKJORG NEPERSS　ALLANHUN DSTRUPBE NT　MIKAELAP PELGREN ER　JAN-OVEVALDN　李政乾	李放鸣　张有华　毛小虎	张犁　杨文合　尹策　孔明　李国模
	奥圣体育一队	上海漫道金服一队	扬州宝应一队	重庆君乐一队	洛阳新思路电气一队
	李丞伟　张亮　薛军	吴天靖　刘雅弟　何延锋	芮玉明　管以宝　曹向东　张强　吉旭华	程越　李成文　黄仲　李谋伟	唐嘉林　邹有明　佟胜利　胡之中
	贵山大酒店一队	重庆双桥乒协一队	贵州六盘水一队	四川卓圃一队	昆明教育乒协一队
	陈黔　李亮　田敏　李和铁	刘睿　邱冬　黄中万　胡大友	万家宁　汪剑　蔡霖　田祥开	邹小仲　周烈铭　杨金彪　周明光	白子跃　李双福　马竹贤　林俊明　窦孝义
	贵州乒锋一队	贵州小苹果一队	重庆渝北清泰一队	贵州老友一队	重庆沛鑫集团一队
	刘文龙　寇峰豪　帅锦	王建平　王庆　余汶波　向健宏　杨新伟	邓斌　周远期　付渝　赵钢	陈伦　邢建国　赵杰　欧华　施仲浩	李津生　杨国祥　杨象燊
	郑州新文化一队	重庆丰都县乒协一队	贵阳云岩区一队	贵阳前卫一队	上海沪江一队
	白云飞　王雨　张维	周泽　蒋朝林　刘治伸　陈义军	汪浩　黄立　韩洪　施仲伟	滕德敏　朱春生　史立宝　李新华	龚荣伟　东荣康　沈勉为　吴复昌　肖晓渡

图 3-5　2018 年中国乒乓球协会会员联赛丰都站男子团体各个组别前五名

女子团体					
29岁组	30岁组	40岁组	50岁组	60岁组	65岁以上组
报名队数不足，取消该组别	上海漫道金服二队	重庆双桥乒协一队	贵州老友二队	重庆君乐一队	重庆君乐一队
	刘宁　陈新　荣健	唐正芳　周红　马静　饶义琴	林爱玲　张艳秋　许霞　施美芳	李玲珍　王伶　陈俊林　韦明华　张兰	林学渊　谭学荣　艾泽玉　张俊容
	贵阳艾乐动一队	浙江浙电一队	重庆君乐一队	吉林白山市通江口腔一队	贵阳前卫一队
	杨军　李艳春　李云洁　周瑞雪	尤晓群　钟霞　穆菊萍	周道容　陈燕　唐政　徐锋	战玉兰　汪萍　马庆玲　经绪敏	田玉兰　班红星　谭德玉　陈友碧
	贵州乒锋一队	重庆渝中区滨江一队	重庆沛鑫一队	六盘水凉都一队	湖南长怀金桔一队
	王楠　李怡凝　杨晓兰	李宁　崔莉娟　文莉萍	徐红　陈瑾　葛雅妹	明祥玉　杨海　张瑞琼	黄星梅　刘桂香　谭一中　姜小青
	贵阳前卫三队	陕西彬县广场二队	重庆云阳一队	上海沪江一队	重庆大渡口乒协一队
	包敬霞　马桂玲　朱玉珍　骆正林	孙银艳　李凤琴　邱桂香　吴艳	钟何　涂进　代绍英	胡姬丽　王彦　黎容	茹章建　茹章明　李国玉
			重庆渝北区快乐健康你我他二队		重庆朝阳聚心一队
			杨联芳　陈玉凤　陈宇琴		林明远　曾凡碧　郑惠敏

图 3-6　2018 年中国乒乓球协会会员联赛重庆丰都站女子团体各个组别前五名

　　业余比赛中对于运动员球拍的要求相比正规国际大赛要求有所降低，但是一些基本的要求仍然需要运动员们遵守，通过对比赛中事件的处理上来看，球拍不合格事件出现两次，通过此类现象我们可以发现，大众乒乓球爱好者对于《规则》中球拍的规定理解还有待提升。2018 年中国乒乓球协会会员联赛重庆丰都站比赛突发事件处理，见表 3-4。

表3-4 2018年中国乒乓球协会会员联赛重庆丰都站比赛突发事件处理

日期	事情描述	对该事件的处理办法和决定
9.14 上午 9：00	9号台上海市泸江队一队员生胶型号不符合国际乒联规定	换胶皮
9.15 上午 12：30	1号台湖北荆州对重庆大渡口双方同队服装不一致（三套服装都打湿了，未干，无法统一），要求比赛	同意比赛
9.15 上午 10：30	浙江队对甘肃队比赛中，抽签结束后，甘肃队运动员身体不适，要求更改排名表，浙江队同意更改	同意更改，但要求浙江队签字确认
9.15 下午 13：30	1号台贵州前卫对重庆君乐比赛，贵州队队员球拍检查不合格，裁判员要求更换，贵州队不服要求撤换临场裁判	不同意，要求贵州队更换球拍
9.15 下午 18：00	团体第3场，第1局10：11，云南第3场运动员因裁判员对其发球提出警告，认为裁判员态度生硬，要求撤换裁判员，裁判长不予采纳，要求继续比赛，运动员拒绝接受，并自动弃权。裁判判该运动员该场比赛自动弃权，以0：3负于对手（比分：10：12，0：11，0：11）	同意裁判员决定
9.16 上午 10：20	30岁组男子单打决1—2名，崔亮VS张亮，裁判将比分填为0：3（8：11，5：11，9：11），实际应为3：0，崔亮获得第一名，张亮第二名	按正确比赛结果公布名次
9.16 上午	嘉宾组单打，运动员未按照规则规定的擦汗时间随意擦汗以致拖延了比赛时间，裁判员未予管理	裁判长提醒裁判员执行规程

2. 乒乓球大众技术等级段位制

为更好地推动业余乒乓球运动的发展，让业余乒乓球爱好者更充分地参与到乒乓球运动中，给予乒乓球培训市场规范体系以及客观评价标准，中国乒乓球协会推出乒乓球大众技术等级段位测试，与专业运动员等级获取不一样的是，乒乓球大众技术等级段位测试采用客观得分和技术评定的得分来确定等级，如图3-7所示，一名乒乓球爱好者正在对自身乒乓球运动水平进行测试。

图 3-7　乒乓球运动水平测试

　　乒乓球大众技术等级段位总共分为九级，并划分为初（1～3 级）、中（4～6 级）、高（7～9 级）三个级别，每一级标准都有对应的技术标准，根据对应的等级标准设定考核办法，达到合格的标准便能获得这一等级的证书。达到等级段位中的 6 级标准就相当于专业乒乓球运动员的三级水平，达到大众技术等级的最高级 9 级就相当于乒乓球专业运动员的二级水平。

表 3-5　大众乒乓球考级标准及实施办法

等级	标准	考核方法	评定方法
一级内容与标准	内容 1：右 1/2 台连续正手攻球 60 板 /1 分钟	考生正手攻球，陪考推（拨）或攻，考生在 1 分钟内，正手攻球 60 板，判定合格。3 次考核机会。	右半台区域为有效攻击区域，压中线为有效球；越过中线为失误，要重新计数。考核过程中，出现反手击球，不计数，也不算失误，考核继续
	内容 2：左 1/2 台连续反手推（拨）球 60 板 /1 分钟	考生与陪考对推或拨，考生在 1 分钟内，反手推（拨）球 60 板，判定合格。3 次考核机会	左半台区域为有效攻击区域，压中线为有效球；越过中线为失误，需重新计数。考核过程中，出现正手击球，不计数，也不算失误，考核继续
	内容 3：正手平击发球 10 个	左、右 1/3 台各画一条标志线，考生发的 10 个球中，必须是左右 1/3 区各 5 个，总计成功 7 个，判定合格。1 次考核机会（10 个发球为 1 次）	考评员有义务提醒考生每边各发了几个。压 1/3 线或擦边均为好球，擦网重发。发球高度不能超过球网两倍，发球速度在中等速度或以上，否则算失误，以考评员判罚为准

等级	标准	考核方法	评定方法
二级内容与标准	内容1：连续左推（拨）右攻60板(30组)/1分钟	陪考推或拨考生左、右1/3台，考生左推（拨）右攻到陪考固定区域（不做详细规定）。考生在1分钟内，击球达到60板（30组），判定合格。3次考核机会	左、右1/3区域为有效击球区域，压中线为有效球；越过中线为无效球，不计板数。考核过程中，出现两次或以上正手或反手连续击球，不计数，也不算失误，考核继续
	内容2：连续推挡（拨）球侧身扑正手30板（10组）/40秒	陪考推挡（拨球）侧身扑正手攻的落点，要求推考生左、右1/3台区域，考生推挡（拨球）侧身扑正手攻到陪考固定区域（不做详细规定）。考生在40秒内，击球达到30板（10组），判定合格。3次考核机会（40秒为1次）	左、右1/3区域为有效击球区域，压中线为有效球；越过中线为无效球，不计板数。考核过程中，出现两次或以上正手或反手连续击球，不计数，也不算失误，考核继续
	内容3：侧身正手发急长球10个	左、右1/3台各画一条标志线，离端线30厘米处再画一条平行线，考生左半台侧身站位发的10个球中，必须是左、右1/3区和端线附近各5个，总计成功7个，判定合格。1次考核机会（10个发球为1次）	考评员有义务提醒考生每边各发了几个。擦边为好球，擦网重发。发球高度不能超过球网两倍，否则，算失误，以考评员判罚为准。发球速度在中等速度以上，否则，算失误，以考评员判罚为准。球必须落在1/3台和端线附近（30厘米）区域，否则，算失误，压线为有效球
	内容4：正、反手接全台不定点急长球10个	左、右1/3台各画一条标志线，陪考发急长球到考生左、右1/3区不定点各5个，考生接发球，考生必须回球到球台左、右1/3区各5个，总计成功7个，判定合格。1次考核机会（10个发球为1次）	考评员有义务提醒考生每边各接了几个球。陪考发球擦边或擦网均重发。陪考发球要求同标准3，否则，算失误，以考评员判罚为准。考生回球必须落在左、右1/3台区域，否则，算失误。回接球压线、擦边、擦网后上台均为有效球

续表

等级	标准	考核方法	评定方法
三级内容与标准	内容 1：右 1/2 台正手连续搓 30 板 /1 球	陪考与考生右 1/2 台对搓，考生 1 个球连续搓 30 板，判定合格。3 次考核机会	右半台区域为有效击球区域，压中线为有效球；越过中线为失误。搓的过程中，出现反手搓球，不计数，也不算失误，考核继续。陪考失误，累进计数，考核继续。出现擦网、擦边，不算考生失误，累进计数，考核继续。搓球要有明显摩擦与下旋，否则不计数，考核继续，连续搓球不转 5 板以上，不计成绩
	内容 2：左 1/2 台反手连续搓 30 板 /1 球	陪考与考生左 1/2 台对搓，考生 1 个球连续搓 30 板，判定合格。3 次考核机会	左半台区域为有效击球区域，压中线为有效球；越过中线为失误。搓的过程中，出现正手搓球，不计数，也不算失误，考核继续。陪考失误，累进计数，考核继续。出现擦网、擦边，不算考生失误，累进计数，考核继续。搓球要有明显摩擦与下旋，否则不计数，考核继续，连续搓球不转 5 板以上，不计成绩
	内容 3：正手下旋发球 10 个	左、右 1/3 台各画一条标志线，考生发的 10 个球中，必须是左右 1/3 区各 5 个，总计成功 7 个，判定合格。1 次考核机会（10 个发球为 1 次）	考评员有义务提醒考生每边各发了几个。压 1/3 线或擦边均为有效球，擦网重发。发球高度不能超过球网两倍，否则，算失误，以考评员判罚为准。发球旋转在中等强度或以上，否则，算失误，以考评员判罚为准
	内容 4：左 2/3 台不定点正手发力攻 10 板 /15 秒	陪考发左 2/3 台不定点半高多球（两倍网高或以上），考生正手发力攻球，考生在 15 秒内，连续攻球 10 板，成功 7 板，判定合格。3 次考核机会（15 秒为 1 次）	发力攻的过程中，出现反手击球，不计数，也不算失误，考核继续。出现擦网后上台、擦边，为有效球，累进计数。考生发力攻时，力量必须是自身最大力量的 70% 或以上，否则，不计数，以考评员认定为准
	内容 5：左 1/2 台不定点连续反手发力（推）攻 10 板 /15 秒	陪考发左 1/2 台不定点半高多球（两倍网高或以上），考生反手发力（推）攻球，考生在 15 秒内，连续（推）攻球 10 板，成功 7 板，判定合格。3 次考核机会（15 秒为 1 次）	发力（推）攻的过程中，出现正手击球，不计数，也不算失误，考核继续。出现擦网后上台、擦边，为有效球，累进计数。考生发力（推）攻时，力量必须是自身最大力量的 70% 或以上，否则，不计数，以考评员认定为准

等级	标准	考核方法	评定方法
四级内容与标准	内容1：全台不定点连续快搓30板/40秒	陪考与考生对搓，陪考搓考生全台不定点，考生搓陪考一点或半台。考生在40秒内，达到30板，判定合格。3次考核机会（40秒为1次）	陪考搓球过程中，一个方向上供球不能连续超过三次，三次以上不计数。考生失误或越过中线，算本次考核失败，重新开始。考生回球，压中线、擦网后上台、擦边，为有效球，累进计数。陪考失误或擦网、擦边，不算考生失误，累进计数，考核继续。考生搓球要有明显摩擦与下旋，否则，不计数，考核继续，连续搓球不转5板以上，不计成绩
	内容2：右1/2台正手劈长斜线10板	陪考发右1/2台下旋平网球，考生正手劈长斜线（右1/2台），成功7板，判定合格。3次考核机会	考生劈长时，要体现出明显的力量、速度和旋转特征，否则，不计数，以考评员认定为准。出现擦网后上台、擦边，为有效球
	内容3：左1/2台反手劈长斜线10板	陪考发左1/2台下旋平网球，考生反手劈长斜线（左1/2台），成功7板，判定合格。3次考核机会	考生劈长时，要体现出明显的力量、速度和旋转特征，否则，不计数，以考评员认定为准。出现擦网后上台、擦边，为有效球
	内容4：正手侧身左侧上、下旋发球12个	左、右1/3台各画一条标志线，考生左半台侧身站位发12个球，先发6个左侧上旋球，再发6个左侧下旋球，必须是左、右1/3区，总计成功9个，判定合格。1次考核机会（12个发球为1次）	考评员有义务提醒考生发球区域。发球旋转强度与速度中等或以上，发球高度不能超过球网两倍，否则，算失误，以考评员判罚为准。球必须按规定落在左、右1/3台区域，否则，算失误。压线、擦边为有效球，擦网重发
	内容5：左1/2台侧身正手接左侧上、下旋球各10个	左、右1/3台各画一条标志线，陪考发左侧上与左侧下旋球各10个，考生左半台站位，分别使用正手侧身攻球接左侧上旋球，搓球接左侧下旋球。考生攻（搓）到陪考左、右1/3区各10个，总计成功14个，判定合格。1次考核机会（左侧上与左侧下旋接发球各10个为1次机会）	考评员有义务提醒考生接发球区域。陪考发球擦边、擦网均重发。陪考发球旋转强度中等或以上。考生回接球必须按规定落在左、右1/3台区域，否则，算失误。回接球压线、擦边、擦网后上台为有效球

续表

等级	标准	考核方法	评定方法
四级内容与标准	内容6：左1/2台反手接左侧上、下旋球各10个	左、右1/3台各画一条标志线，陪考发左侧上与左侧下旋球各10个，考生左半台站位，分别使用反手推或拨接左侧上旋球，搓球接左侧下旋球。考生推或拨（搓）到陪考左、右1/3区各10个，总计成功14个，判定合格。1次考核机会（左侧上与左侧下旋接发球各10个为1次机会）	考评员有义务提醒考生接发球区域。陪考发球擦边、擦网均重发。陪考发球旋转强度中等或以上。考生回接球必须按规定落在左、右1/3台区域，否则，算失误。回接球压线、擦边、擦网后上台为有效球
五级内容与标准	内容1：右1/2台连续正手拉上旋球60板/1分钟	考生正手拉上旋球，陪考推（拨），考生在1分钟内，达到60板，判定合格。3次考核机会	右半台区域为有效击球区域，压中线为有效球；越过中线为失误，要重新计数。拉的过程中，出现反手击球，不计数，也不算失误，考核继续。陪考失误，累进计数，考核继续
五级内容与标准	内容2：左1/2台连续反手拉上旋球60板/1分钟	考生反手拉上旋球，陪考推（拨），考生在1分钟内，达到60板，判定合格。3次考核机会	左半台区域为有效击球区域，压中线为有效球；越过中线为失误，要重新计数。拉的过程中，出现正手击球，不计数，也不算失误，考核继续。陪考失误，累进计数，考核继续。出现擦网、擦边，不算考生失误，累进计数，考核继续，如中间有停顿，停表
五级内容与标准	内容3：连续左推（拨）右拉60板（30组）/1分钟	陪考推或拨考生左、右1/3台，考生左推（拨）右拉到陪考固定区域（不做详细规定）。考生在1分钟内，达到60板，判定合格。3次考核机会	左、右1/3区域为有效击球区域，压中线为有效球，越过中线为无效球，不计板数。考核过程中，出现两次或以上正手或反手连续击球，不计数，也不算失误，考核继续。出现擦网、擦边，不算考生失误，累进计数，考核继续
五级内容与标准	内容4：反手右侧上、下旋发球12个	左、右1/3台各画一条标志线，考生左半台站位发12个球，其中，先发6个右侧上旋球，再发6个右侧下旋球，必须是左、右1/3区，总计成功9个，判定合格。1次考核机会（12个发球为1次）	考评员有义务提醒考生发球区域。考生发球旋转强度与速度中等或以上，发球高度不能超过球网两倍，否则，算失误，以考评员判罚为准。球必须按规定落在左、右1/3台区域，否则，算失误。压线、擦边为有效球，擦网重发

等级	标准	考核方法	评定方法
五级内容与标准	内容5：右1/2台正手接右侧上、下旋球各10个	陪考发右侧上与右侧下旋球各10个，考生左半台站位，分别使用正手攻或拉接右侧上旋球和搓球接右侧下旋球。考生攻或拉（搓）到陪考左、右1/3区各10个，总计成功14个，判定合格。1次考核机会（右侧上与右侧下旋接发球各10个为1次机会）	考评员有义务提醒考生接发球区域。陪考发球旋转强度中等或以上。考生回接球必须按规定落在左、右1/3台区域，否则，算失误。回接球压线、擦边、擦网后上台为有效球
	内容6：左1/2台反手接右侧上、下旋球各10个	陪考发右侧上与右侧下旋球各10个，考生左半台站位，分别使用反手推、拨或拉接右侧上旋球和搓球接右侧下旋球。考生推、拨或拉（搓）到陪考左、右1/3区各10个，总计成功14个，判定合格。1次考核机会（右侧上与右侧下旋接发球各10个为1次机会）	考评员有义务提醒考生接发球区域。陪考发球旋转强度中等或以上。考生回接球必须按规定落在左、右1/3台区域，否则，算失误。回接球压线、擦边、擦网后上台为有效球
六级内容与标准	内容1：右1/2台正手拉下旋球20板	发球机按30板/每分钟供球频率，供球到考生右1/2台定点区域，旋转强度为下旋40～50转区间。考生连续拉20板到对方右1/2台区域，成功14板，判定合格。1次考核机会（30个发球为1次）	拉球出现压中线、擦边、擦网后上台为有效球。考生拉球时，球拍触球瞬间必须是前倾或垂直状态，必须有明显的摩擦动作和效果，否则，算失误，以考评员判罚为准。发球机发球出现失误、擦网等，不算考生失误，不计数，考核继续
	内容2：左1/2台反手拉下旋球20板	发球机按30板/每分钟供球频率，供球到考生左1/2台定点区域，旋转强度为下旋40～50转区间。考生连续拉20板到对方左1/2台区域，成功14板，判定合格。1次考核机会（30个发球为1次）	拉球出现压中线、擦边、擦网后上台为有效球。考生拉球时，必须有明显的摩擦动作和效果，否则，算失误，以考评员判罚为准。发球机发球出现失误、擦网等，不算考生失误

续表

等级	标准	考核方法	评定方法
六级内容与标准	内容3：左搓右拉10组	发球机按30板/每分钟供球频率，供球到考生左、右1/3台定点区域，旋转强度为下旋40～50转区间。考生左搓右拉10组到对方右1/2台区域，成功7组，判定合格。3次考核机会	本考核以组为单位，搓或拉任一板失误，均算本组失误。搓球、拉球出现压中线、擦边、擦网后上台为有效球。考生拉球时，球拍触球瞬间必须是前倾或垂直状态，必须有明显的摩擦动作和效果，否则，算失误，以考评员判罚为准。发球机发球出现失误、擦网等，不算考生失误，重新开始
	内容4：左搓侧身拉10组	发球机按30板/每分钟供球频率，供球到考生左、右1/3台定点区域，旋转强度为下旋40～50转区间。考生左搓后，接侧身拉10组到对方左1/2台区域，成功7组，判定合格。3次考核机会	本考核以组为单位，搓或拉任一板失误，均算本组失误。搓球、拉球出现压中线、擦边、擦网后上台为有效球。考生拉球时，球拍触球瞬间必须是前倾或垂直状态，必须有明显的摩擦动作和效果，否则，算失误，以考评员判罚为准。发球机发球出现失误、擦网等，不算考生失误，重新开始
	内容5：左搓反手拉10组	发球机按30板/每分钟供球频率，供球到考生左1/3台定点区域，旋转强度为下旋40～50转区间。考生左搓后，接反手拉10组到对方左1/2台区域，成功7组，判定合格。3次考核机会	本考核以组为单位，搓或拉任一板失误，均算本组失误。搓球、拉球出现压中线、擦边、擦网后上台为有效球。考生拉球时，必须有明显的摩擦动作和效果，否则，算失误，以考评员判罚为准。发球机发球出现失误、擦网等，不算考生失误，重新开始
七级内容与标准	内容1：右1/2台正手摆短20板	陪考发下旋短球，供球到考生右1/2台近网固定区域，考生连续摆短20板，成功14板，判定合格。3次考核机会	陪考发下旋球，中等或以上强度，在台面能够两跳或以上。考生摆短，弧线要不超过一倍网高，在台面两跳或以上，否则，算失误，以考评员判罚为准。摆的过程中，出现擦网后上台、擦边为有效球。陪考发球失误、擦网、两跳出台、球高于两倍网高等，不算考生失误，不计数，考核继续

等级	标准	考核方法	评定方法
七级内容与标准	内容2：左1/2台反手摆短20板	陪考发下旋短球，供球到考生左1/2台近网固定区域，考生连续摆短20板，成功14板，判定合格。3次考核机会	陪考发下旋球，中等或以上强度，在台面能够两跳或以上。考生摆短，弧线要求不超过一倍网高，在台面两跳或以上，否则，算失误，以考评员判罚为准。摆的过程中，出现擦网后上台、擦边为有效球。陪考发球失误、擦网、两跳出台、球高于两倍网高等，不算考生失误，不计数，考核继续
	内容3：右1/2台连续正手冲上旋球10板	陪考推或带考生右1/2台不定点，考生移动中正手连续冲陪考右1/2台。一个球连续冲10板，判定合格。3次考核机会	考生冲的过程中，出现反手击球，不计数，也不算失误，考核继续。考生出现擦网后上台等为有效球，不计失误，重新开始。考生回球压中线为好球，考核继续。考生连续冲时，力量必须是自身最大力量的70%或以上，否则，不计数，以考评员认定为准。陪考回球出现越中线、擦网、擦边、失误等，不算考生失误，重新开始
	内容4：左1/2反手快拉（拨）接快撕10组	陪考推或带考生左1/2台不定点，考生回球到陪考左1/2台。考生移动中反手连续快拉接反手发力快撕为成功一组，连续10组。成功7组，判定合格。1次考核机会（10组球为1次）	考生连续快拉板数不能超过5板，超过，为失误。考核过程中，考生出现任何失误，算失误一组。出现正手击球，不计数，也不算失误，考核继续。考生出现擦网后上台、擦边，为有效球，不计失误，重新开始。考生回球压中线为好球，考核继续。快撕必须是自身最大力量的70%或以上，否则，算失误一组，以考评员认定为准。陪考回球出现擦网、越中线、擦边、失误等，不算考生失误，重新开始

续表

等级	标准	考核方法	评定方法
七级内容与标准	内容5：反手快推（拨）接快拉接侧身正手左2/3台连续冲（3板）10组	陪考推或带考生左1/2台不定点，考生回球到陪考左1/2台。考生移动中反手连续快推（拨）接反手快拉接侧身正手左2/3台，连续冲（3板）为成功一组，连续冲10组。成功7组，判定合格。1次考核机会（10组球为1次）	考生连续快推（拨）板数不能超过5板，超过，为失误。考核过程中，考生出现任何失误，算失误一组。考生正手连续冲必须是自身最大力量的70%或以上，否则，算失误一组，以考评员认定为准。考生出现、擦网后上台为有效球，不计失误，重新开始。考生回球压中线为好球，考核继续。陪考回球出现擦网、越中线、擦边、失误等，不算考生失误，重新开始
八级内容与标准	内容1：正手台内挑打20板	陪考发下旋短球，供球到考生右1/2台内固定区域。考生左半台站位，上前挑打到对方左、右1/3台区域各10板，成功14板，判定合格。1次考核机会（20个发球为1次）	考评员有义务提醒考生挑打区域。陪考发球旋转强度中等或以上。挑打出现压中线、擦边、擦网后上台为有效球。考生挑打时，必须是中等力量或以上，否则，算失误一板，以考评员认定为准。陪考发球失误、擦网、两跳出台、球高于两倍网高等，不算考生失误，不计数，考核继续
	内容2：反手台内侧拧20板	陪考发下旋短球，供球到考生左1/2台内固定区域。考生左半台站位，上前侧拧到对方左、右1/3台区域各10板，成功14板，判定合格。1次考核机会（20个发球为1次）	考评员有义务提醒考生侧拧区域。陪考发球旋转强度中等或以上。侧拧出现压中线、擦边、擦网后上台为有效球。考生侧拧时，旋转必须是中等强度或以上，否则，算失误一板，以考评员认定为准。陪考发球失误、擦网、两跳出台、球高于两倍网高等，不算考生失误，不计数，考核继续
	内容3：右1/2正手前冲下旋球20板	发球机按30板/每分钟供球频率，供球到考生右1/2台定点区域，旋转强度为下旋40～50转区间。考生连续正手前冲到对方右1/2台区域，成功14板，判定合格。1次考核机会（20个发球为1次）	考生正手前冲时出现压中线、擦边、擦网后上台为有效球。前冲必须有明显的摩擦和前冲动作，力量必须是自身最大力量的70%或以上，否则，算失误一组，以考评员认定为准。发球机发球出现失误、擦网等，不算考生失误，不计数，考核继续

等级	标准	考核方法	评定方法
八级内容与标准	内容4：左1/2反手冲下旋球20板	发球机按30板/每分钟供球频率，供球到考生左1/2台定点区域，旋转强度为下旋40～50转区间。考生连续正手前冲到对方左1/2台区域，成功14板，判定合格。1次考核机会（20个发球为1次）	考生反手前冲时出现压中线、擦边、擦网后上台为有效球。前冲必须有明显的摩擦和前冲动作，力量必须是自身最大力量的70%或以上，否则，算失误一组，以考评员认定为准。发球机发球出现失误、擦网等，不算考生失误，不计数，考核继续
	内容5：左搓侧身冲10组	发球机按30板/每分钟供球频率，供球到考生左1/2台定点区域，旋转强度为下旋40～50转区间。考生左搓后，接侧身正手前冲到对方左1/2台区域为成功一组，连续10组。成功7组，判定合格。1次考核机会（10组球为1次）	本考核以组为单位，搓或冲任一板失误，均算本组失误。回球时出现压中线、擦边、擦网后上台为有效球。前冲必须有明显的摩擦和前冲动作，力量必须是自身最大力量的70%或以上，否则，算失误一组，以考评员认定为准。发球机发球出现失误、擦网等，不算考生失误，不计数，考核继续
九级内容与标准	内容1：右1/2台正手反拉加转弧圈球20组	陪考发球到考生左1/2台区域，考生搓陪考左1/2台区域，陪考侧身拉考生右1/2台，考生右1/2台正手反拉陪考右1/2台区域为成功一组，连续20组。成功14组，判定合格。1次考核机会（20组球为1次）	本考核以组为单位，搓或反拉任一板失误，均算本组失误。考生击球时出现压中线、擦边、擦网后上台为有效球。反拉必须是中等以上力量，具有明显的主动进攻意识，否则，算失误一组，以考评员认定为准。陪考发球失误、擦网、擦边、过线等，不算考生失误，不计组数，重新开始
	内容2：左1/2台反手快震前冲弧圈球20组	陪考发球到考生左1/2台区域，考生搓陪考左1/2台区域，陪考侧身拉考生左1/2台，考生左1/2台反手快震陪考右1/2台区域为成功一组，连续20组。成功14组，判定合格。1次考核机会（20组球为1次）	本考核以组为单位，搓或快震任一板失误，均算本组失误。考生击球时出现压中线、擦边、擦网后上台为有效球。快震必须是中等以上力量，具有明显的主动进攻意识，否则，算失误一组，以考评员认定为准。陪考发球失误、擦网、擦边、过线等，不算考生失误，不计组数，重新开始

续表

等级	标准	考核方法	评定方法
九级内容与标准	内容3：右2/3中远台正手连续对拉10板/1球	陪考发球后，考生与陪考中远台右2/3台不定点对拉，考生连续对拉10板，判定合格。3次考核机会	右2/3台区域为有效击球区域。考生对拉时出现擦边、擦网后上台为有效球，不计失误，重新开始。考生压线为有效球，不计失误，累进计数，考核继续。陪考发球失误、擦网、擦边、过线等，不算考生失误，不计组数，重新开始

（二）大众乒乓球爱好者选择球拍建议

1. 注重自身技战术水平提升

许多乒乓球爱好者，当自身技术练习到达一定瓶颈后，就容易频繁地更换乒乓球器材，看着天花乱坠的广告入手昂贵的乒乓球底板和胶皮，认为换了新的底板和胶皮后，自身在技战术方面能够得到较大的突破，殊不知，任何一块球拍都需要花时间去适应，新的球拍在没有适应的情况下，可能还不如原来球拍打得顺手。一块球拍在专业运动员手中或者其他人手中打得如鱼得水的情况下，用在自己手中却不一定合适，就像马龙用红双喜的狂飙龙五用得非常顺手，让他去用张继科的蝴蝶王，在打球的效果上不一定好，同样地，张继科打得非常好用的板，乒乓球爱好者拿过来用，可能会觉得速度太快，控制不住，球容易出界。

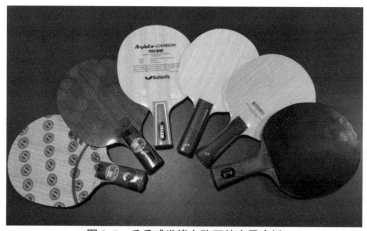

图 3-7　乒乓球发烧友购买的大量底板

因此，乒乓球拍的选购不能一味地追求广告打的效果，也不能说越贵的球拍越好，明星球员用来夺取冠军的球拍在广大乒乓球爱好者手中却不一定能够完全发挥其功效，这就需要广大乒乓球爱好者反思，是不是自身的技术水平限制了球拍性能的发挥。我们在追求球拍良好的手感的同时，更应该关注自身乒乓球技战术水平的提升，根据自身技战术打法的特点选择适宜的球拍，将自身技战术水平与乒乓球拍性能融为一体。

2. 根据自身技战术打法购买适合的球拍

乒乓球拍作为我们打球的工具，一定是适合的才是最好的。有的人喜欢进攻，有的人精于算计，有的人喜欢借力打力，这与我们常说的"人怎么样，球就怎么样"是一个道理。试想一下，若有的乒乓球爱好者属于进攻型打法，却配了一块五层纯木的斯蒂卡OC，在打球的时候想打速度却打不出来；若有的乒乓球爱好者属于控制型选手，对于弧圈球理解较深，却配备一块斯蒂卡红黑碳王，在打球的时候还没有来得及充分摩擦球就已经出去了。因此，乒乓球爱好者需要明确自身的技战术打法，然后根据自身技战术打法的特点来配备乒乓球拍，同时在进行乒乓球技战术训练的时候充分了解球拍的性能，与之不断磨合。

三、专业运动员

乒乓球专业运动员经过长年累月的训练和比赛，对于球拍的使用比较挑剔，自身使用的球拍配置也相对固定，但是主要的还是根据其技战术的特点来配备球拍。技战术打法的特点随着时间的变化而变化，我们通过近四届奥运会单打比赛冠军的得主的技战术特征来看近20年乒乓球发展的变化与趋势。

（一）近四届奥运会男女单打冠军技战术打法特征分析

乒乓球自1988年进入奥运会项目后，大大提高了乒乓球运动在国际体坛的地位，有力地推动了世界乒乓球运动的发展。2000年10月1日起，也就是第27届悉尼奥运会之后，乒乓球比赛改用直径40毫米、重量2.7克的大球，以取代38毫米小球。我们对改大球之后的奥运会男女单打比赛技战术进行分析，以窥探乒乓球技战术发展的趋势。表3-6是近四届奥运会乒乓球比赛男女单打比赛的情况统计表。

表 3-6　2004-2016 年历届奥运会乒乓球男女单打决赛统计表

时间	赛事	比赛双方	比分
2004	第 28 届雅典奥运会乒乓球男子单打决赛	柳承敏 vs 王皓	4：2
2004	第 28 届雅典奥运会乒乓球女子单打决赛	张怡宁 vs 金香美	4：0
2008	第 29 届北京奥运会乒乓球男子单打决赛	马琳 vs 王皓	4：1
2008	第 29 届北京奥运会乒乓球女子单打决赛	张怡宁 vs 王楠	4：1
2012	第 30 届伦敦奥运会乒乓球男子单打决赛	张继科 vs 王皓	4：1
2012	第 30 届伦敦奥运会乒乓球女子单打决赛	李晓霞 vs 丁宁	4：1
2016	第 31 届里约奥运会乒乓球男子单打决赛	马龙 vs 张继科	4：0
2016	第 31 届里约奥运会乒乓球女子单打决赛	丁宁 vs 李晓霞	4：3

根据吴焕群、张晓蓬的《乒乓竞技研究中定量方法的开发及效用》中单打比赛三段技术评估标准（表 3-7 所示）来进行数据的统计和分析，采用的计算公式为：

得分率 = 段得分之和 / 段得分与段失分之和 ×100%

使用率 = 段得失分之和 / 全局得失之和 ×100%

表 3-7　三段指标法评估标准

三段	得分率	使用率
发抢段	优秀（70%）	25%～30%
	良好（65%）	
	及格（60%）	
接抢段	优秀（50%）	15%～25%
	良好（40%）	
	及格（30%）	
相持段	优秀（55%）	45%～55%
	良好（50%）	
	及格（45%）	

1. 奥运会乒乓球比赛单打冠军三段分析

运用三段指标法评估标准，对近四届奥运会乒乓球单打比赛冠军的技战术分析如下：

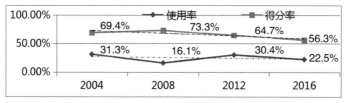

图 3-8　男子发抢段使用率及得分率比较图

从图 3-8 我们可以看到，历届奥运会乒乓球比赛男子单打冠军在发抢段使用率存在一定的波动性，最大偏差值在 15.2%，男子比赛在前三板产生的得失分情况伴随着打法的不同而变化。得分率整体处于下降的趋势，发抢段的优势在减弱。

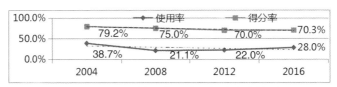

图 3-9　女子发抢段使用率及得分率比较图

通过图 3-9 可以看到，历届奥运会乒乓球比赛女子单打冠军的得分率都在 70% 以上，评估均为优秀，说明女子比赛当中，前三板积极主动，得分率高，发抢段优势明显，但是其整体上处于下降趋势；使用率 2004 年最高，2008 年和 2012 年都处于较低水平，2016 年发抢段使用率处于正常水平，说明女子比赛在前三板产生得失分较少。

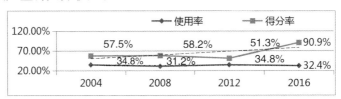

图 3-10　男子接抢段使用率及得分率比较图

如图 3-10 所示，接抢段基本保持着高使用率，都在 30% 以上，远高于正常使用值 15% ～ 25%，且处于平稳趋势，说明历届男子选手在比赛中接抢段敢于积极主动上手；其得分率都在 50% 以上，马龙 2016 年甚至达到了 90.9%，评估均为优秀，说明男子选手在比赛中接抢段表现出色，接抢段主要使用进攻手段进行抢攻，接抢段成为男子选手比赛的重心。

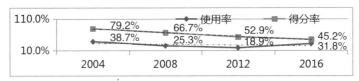

图 3-11　女子接抢段使用率及得分率比较图

通过图 3-11 可以看到，2004 到 2008 年接抢段使用率处于不断下降趋势，2016 年上升到 31.8%，整体上处于下降趋势，说明女子比赛当中，接抢段并不是其主要的得失分段，其使用率处于正常水平；从 2004 年开始，到 2016 年，接抢段得分率处于不断下降的态势，从 2004 年的 79.2% 到 2016 年的 45.2%，下降了 34 个百分点，平均每年下降 8.5 个百分点，说明女子比赛当中，接抢段得分能力有所下降。

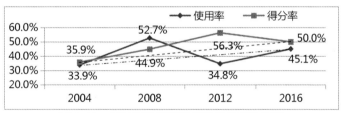

图 3-12　男子相持段使用率及得分率比较图

从图 3-12 可以看到，男子比赛中，相持段的使用率和得分率在总体上都处于一个上升的趋势，这与国际乒联改革所期待的多板回合以增加比赛的观赏性的方向是一致的。整体上男子选手正手使用率高于反手，正手得分效果好于反手。

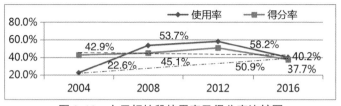

图 3-13　女子相持段使用率及得分率比较图

从图 3-13 可以看到，女子比赛相持段使用率所占比重较大，高于男子相持段使用率，其比赛重心相对靠后，相持段使用率波动幅度较大；相持段得分率比较平稳，但是其得分率并不高，说明相持段虽然是女子比赛中的主要得失分段，但是其得分效率并不高。且反手失分明显高于正手，正手进攻为相持段的主要得分技术。

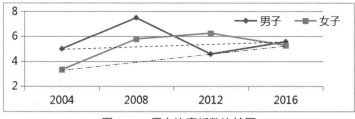

图 3-14　男女比赛板数比较图

从图 3-14 可以看到，2004 年男女比赛板数均较低，到 2008 年上升到一个比较高的位置，男子比赛 2012 年下降到板数最低的点，女子比赛板数上升到最高的点，2016 年男女比赛板数达到最接近的位置。总体上看，男子比赛板数波动幅度高于女子，女子比赛板数波动幅度小，且处于上升趋势。2016 年相比 2004 年，男女比赛板数均高于 2004 年，说明比赛板数在上升，比赛回合有所增加，且女子比赛板数增加明显高于男子。

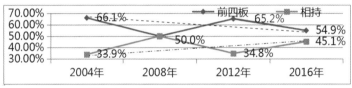

图 3-15　男子比赛比赛重心比较图

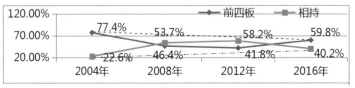

图 3-16　女子比赛比赛重心比较图

从图 3-15 可以看到，总体上男子比赛前四板使用率处于下降趋势，相持段使用率上升，比赛重心后移。但是相持段使用率都没有超过前四板的使用率。从图 3-16 可以看到，女子比赛前四板使用率下滑趋势比较大，相持段使用率上升幅度较大，比赛重心后移。相持段使用率 2008 年和 2012 年超过前四板使用率。

2. 奥运会乒乓球比赛单打冠军技战术发展趋势小结

（1）发抢段发展趋势

男子比赛中，与传统观念不同的是，发抢段的优势在减弱，发球抢攻由正手抢攻为主过渡为正反手均衡抢攻，甚至反手抢攻使用率高于正手，且波动幅度较大，这与乒乓球材料的改变和球体的变大有关。女子比赛发球抢攻效率高，但发抢段整体使用率处于较低水平，发球抢攻逐渐由反手抢攻过渡为正手抢攻为主。

（2）接抢段发展趋势

接抢段为男子比赛的比赛重心，使用率达到了 30% 以上，接抢段高使用率、高得分率成为常态，这说明男子比赛中强调接发球积极上手，运动员对于台内球和出台球的处理能力有所提高，发球方的优势在逐渐削减；女子比赛接抢段主要以控制为主，由之前的以反手技术为主过渡到以正手技术为主，但是得分率处于不断下降趋势，这与女子运动员加强了发球抢攻的能力有关。

（3）相持段发展趋势

男子比赛相持段的使用率和得分率在总体上都处于上升的趋势，正手使用率高于反手，正手得分效果好于反手，这与国际乒联改革所期待的多板回合以增加比赛的观赏性的方向是一致的。相持段是女子比赛的重心，但是其得分效率并不高，且反手失分明显高于正手，正手进攻为相持段的主要得分技术，这与我们传统观念中女子比赛以反手为主的想法相反。

（4）比赛重心发展趋势

男子比赛板数波动幅度高于女子，女子比赛板数波动幅度小，且处于上升趋势。整体上比赛板数在上升，比赛回合有所增加，女子比赛板数增加明显高于男子。男女比赛相持使用率均处于上升趋势，比赛重心后移，这与国际乒联所改革的方向，即增加比赛的回合数、提高比赛的观赏性是一致的。

（二）专业运动员选择乒乓球拍建议

从近四届奥运会乒乓球单打比赛冠军的技战术特征来看，当前乒乓球技战术发展趋势是，在男子比赛中，发抢段的优势在减弱，接抢段是其比赛重心，相持段的使用率和得分率在总体上都处于上升的趋势。而女子比赛发球抢攻效率高，接抢段主要以控制为主，相持段是其比赛重心。与国际乒联改革一致的是，整体上男女比赛相持使用率处于上升趋势，比赛重心后移，比赛回合数增多。技战术打法上，一人为直拍单面拉打法，一人为快弧打法，其他五人为弧圈结合快攻打法；球拍配置上，全部使用反胶胶皮。因此，乒乓球专业运动员在选择球拍时，要充分结合当今技战术发展的趋势，按照"技术全面，特长突出"的原则，配备与自己打法相适应的球拍。同时，需要辩证地认识球拍与技术的关系，运动员不宜使用过多的时间在球拍的研究上，必须要集中精力于基本功与自身技战术训练上，使运动成绩得以稳固提升。

第三节　不同打法如何选择适宜的乒乓球拍

通过对近四届奥运会乒乓球技战术使用情况的分析来看，在乒乓球竞技运动中，融速度与旋转为一体的快攻与弧圈进攻技术已成为当前的主流，弧圈结合快攻打法是当前最前沿的打法。究其原因，主要是使用反胶海绵球拍击球时，不仅可以获得近台快攻所需的节奏速度，同样在大力击球时可以获得较快的飞行速度，并且由于反胶摩擦系数高，容易在攻球时带有强烈上旋，球落台时，由于强烈上旋的作用还会有明显的快速前冲。所以无论在台上、近台或是离台的进攻，使用反胶海绵球拍都可以较容易地获得更多的制胜因素，因此绝大多数人都选择使用反胶海绵球拍。然而现代乒乓球运动仍然包含着多种不同类型的打法与技战术，这些都会对球拍性能提出不同的要求，弄清不同技术类型以及不同的战术要求与球拍之间的关系才能为自己选择得心应手的球拍。

一、快攻型

（一）快攻型打法技术组合

快攻型打法是中国乒乓球队在世界乒坛上几十年保持长盛不衰的传统打法，采用这种打法的运动员通常使用正胶海绵拍或反胶海绵拍，世界冠军刘国梁、邓亚萍就是这类打法中的佼佼者。快攻型乒乓球运动员的神经类型为强—均衡—活泼型的，大脑皮层兴奋与抑制的转换快捷而恰当，应急能力强，具有较高的速度、力量，尤其是爆发力素质水平要好。

快攻型打法运动员在技术训练实践中需要把握"快、准、狠、变、转"的技术风格，突出抓好正反手进攻的主要技术，以直拍左推右攻打法为例，需要有对付上旋球的训练，提高对攻能力，同时配合适当的反手攻球，具备对付下旋球的能力，具体技术组合如图3-17所示。

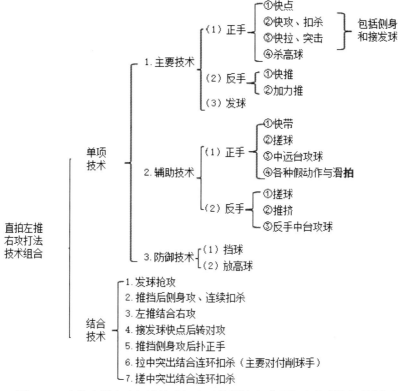

图 3-17　直拍左推右攻打法技术组合（依邱钟惠《现代乒乓球技术研究》）

直拍两面攻打法的技术组合（如图 3-18 所示）与直拍左推右攻技术组合类似，只是推挡技术改为以反手攻为主配合推挡，同时增加反手拉下旋球的一些技术。

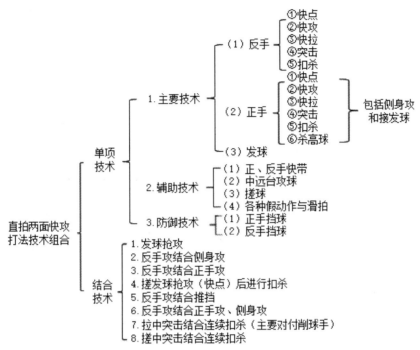

图 3-18　直拍两面攻打法技术组合（依邱钟惠《现代乒乓球技术研究》）

（二）快攻型打法球拍配置

近台快攻首先要求击球节奏速度快，力争在台面上抢攻来球的上升点和最高点。击球动作幅度较小，多采用爆发力、借力加力等用力方式。为了提高小动作击球的爆发力与突然性，运动员通常选择较重的球拍，单面覆盖海绵胶皮的直拍底板重量应该在 95 克左右，双面覆盖海绵胶皮的球拍底板重量应该轻一些，一般在 90 克以下。近台快攻运动员为了提高球速，要求击球弧线尽量低平，因此多采用摩擦较少、击打较多，使球脱板较快的技术，如快点、快拉、快攻、弹击和扣杀等进攻技术。这就要求海绵较软，较薄，底板的击球感觉比较坚挺，因此运动员通常选择七层板或厚度在 6.5 毫米以上的厚型底板。

为了保证近台攻球的速度，近台快攻选手通常选择颗粒向外的正胶或表面的黏性中等、颗粒较短、速度较快的反胶。正胶是一种胶质较硬、颗粒向外且较大的胶皮，用它击球速度较快，也能制造一定的旋转，通常应搭配厚度为 1.8 ～ 2.1 毫米、硬度在 35 度左右的海绵。反胶应搭配厚度为 1.5 ～ 2.0 毫米，硬度在 40 度左右的海绵。快攻型打法底板推荐，如表 3-8 所示。

表 3-8　快攻型打法底板推荐

品牌	型号	材质结构	厚度(mm)	球板重量(克)	性能
骄猛	桧煞 HINIKI S7	七层纯木	7.1	90+	桧木底板，弹性强，底劲好，手感扎实，借力的效果很好
蝴蝶	Supreme Speed	芳碳（芳碳 / 凯夫拉碳）	7.5	80 ～ 89	搭载了 ARYLATE 碳素的高性能底板，与桧木完美结合，是一款具有超强攻击且控球稳定型底板
蝴蝶	普碳 Primorac Carbon	3 层木板 +2 层 TAMCA 碳素	6.9	80 ～ 89	3 层木板加 2 层碳素（表层桧木），素有经典球拍之称。进攻威力巨大，防守可衰减前冲力，十分稳健，攻守转换，随心所欲，是攻击型底板
亚萨卡	YASAKA YDM17	轻木＋硬质木材＋碳素＋玻璃纤维共 17 层	6.5	90+	适合快攻打法，性能也比较全面。表面胡桃木硬度高，手感清晰，出球快。拉球弧线较平，底劲不错，落台后下沉
斯蒂卡	红黑碳王 7.6 CR WRB	7 层纯木 +6 层碳粉	6.3	80 ～ 89	WRB（中空柄）与 CR（表层紫外线处理）技术的结合让底板具有球速快、鞭打效果突出的特色
斯蒂卡	CC7 纳米水晶碳 7	5 层纯木 +2 层碳木	6.5	90+	两层木材比较硬，其研制开发的目的主要是给那些球风凶狠、前三板特长突出的选手使用，中远台时球线长，轻拉有底劲、不下网，发力冲，又能吃得住球
多尼克	Persson Exclusive Off	5 层纯木	6.3	80 ～ 89	DONIC 公司最新开发的快攻型底板，板身较薄而坚硬，以攻击为主，用了佩尔森的名字为其命名，做工精美，深受广大球迷喜欢，适合于快攻结合弧圈的选手使用
蝴蝶	Butterfly Lin Gaoyuan ALC	5 层合板＋烯丙基碳	6.0	80 ～ 89	搭载着 Arylate-CARBON 素材的高性能底板，兼具高反弹力与良好的稳定性。使用了这款特殊素材的底板不但易掌控，而且出球速度快，很适合林高远的独特打法

品牌	型号	材质结构	厚度(mm)	球板重量(克)	性能
斯蒂卡	Rosewood NCT VII	7 层纯木	6.8	80 ~ 89	经过 NCT（Nano Composite Technology 纳米合成科技）加工处理过的七层纯木底板，适合快攻弧圈打法，击球感觉扎实可靠，球速和弧线还会保持良好的质量和效果，更强调球感和发力撞击的扎实可靠
斯蒂卡	STIGA TUBE LIGHT WRB	5 层纯木	6.8	90+	轻管王是一款板身较薄、较轻，而整体球板偏硬的底板，适合快攻型打法，对胶皮的兼容性很好，专业运动员用它来打生胶或者长胶。这款底板保留管王系列手感的同时，出球速度十分出色

二、弧圈快攻型

（一）弧圈快攻型打法技术组合

弧圈快攻型打法综合了旋转与速度的特点，是当前的主流打法。世界冠军孔令辉、王楠、李菊、张继科、马龙等都属于这种打法。弧圈快攻型打法要求旋转与速度的统一，因此多采用摩擦与抽杀结合的"鞭抽式"进攻技术，如：挑打、拉冲、反撕、反带、抹、撇等技术。弧圈快攻型打法除了要处理好正手拉弧圈球速度快、前三板抢拉能力强之外，直拍运动员还要求掌握扎实的反手攻球能力，并掌握一定的防御能力和过渡能力。技术风格为"转、快、准、狠、变"。具体技术组合如图 3-19、3-20 所示。

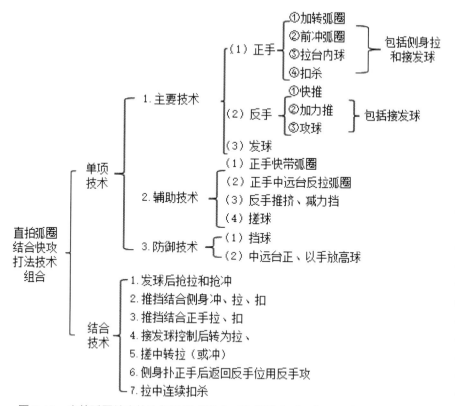

图 3-19　直拍弧圈结合快攻打法技术组合（依邱钟惠《现代乒乓球技术研究》）

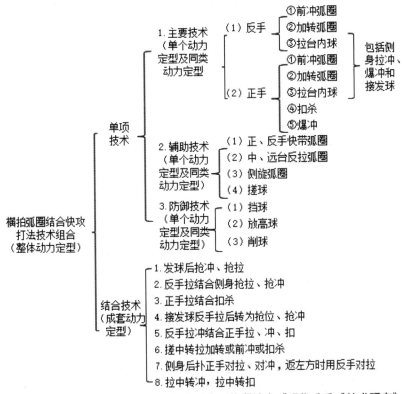

图 3-20　横拍弧圈结合快攻打法技术组合（依邱钟惠《现代乒乓球技术研究》）

（二）弧圈快攻型打法球拍配置

弧圈快攻型打法的单项技术方面，主要以正反手拉弧圈球为主，单板的技术质量结合相持时的灵活变化，以及强调步法移动的灵活性。结合技术主要围绕正反手弧圈球来培养适应和对付不同旋转和速度的能力。

为了保证击球时能得到充分的摩擦和弹击速度，弧圈快攻型运动员选用的球拍不仅应该有足够的吃球深度，而且要有足够的底劲。因此运动员多选木质较软、弹性好的独木厚板或较薄（5.5 ～ 6.0 毫米）的五层底板。弧圈快攻技术在比赛中更多运用变化速度与节奏，需要近台远台结合，击球时机也不尽相同，因此不仅移动范围大，而且击球动作幅度较大，自主发力更多，这就要求球拍的重量较轻，以保证在快速击球时挥摆自如，手感更好。所以选择直板一般在85 克左右，特别是双面覆盖海绵胶的直板应该更轻；横板也应该在 90 克以下。为了保证弧圈进攻的旋转，应该选择表面黏性较好、颗粒略长的反胶；为了保证抽杀进攻的速度，应该挑选较硬（45 度以上）、较厚（2.1 ～ 2.2 毫米）的海绵。弧圈快攻型打法底板推荐，如表 3-9 所示。

表 3-9　弧圈快攻型打法底板推荐

品牌	型号	材质结构	厚度（mm）	球板重量（克）	性能
蝴蝶	TimoBoll-ALCarbon	5 木 +2 纤维	5.7	90+	高弹性和独特的打球感，并且搭载了 Arylate Carbon，使其拥有极高的人气，具有锐利攻击力和稳定的控制性能，是一款攻守兼备的球拍
蝴蝶	张继科 SUPER ZLC	5 木 +2 纤维	5.6	90+	搭载着 SUPER ZL CARBON 的第一号模型，不仅比以往球拍更具弹力，并且扩大了高反弹的范围，使得击球的威力和稳定性都有所提高
斯蒂卡	Offensive Classic	5 层纯木	5.5	80～89	轻量级进攻型 5 层底板，斯蒂卡底板系中的传奇款，拥有出色的手感和控制，为技术型的全能进攻选手打造。较薄的板身，较厚的芯材，灵敏而底劲十足。球拍受冲击后产生的大幅形变使选手有充分的时间对球进行摩擦，形变产生的储能使球具有强烈的冲击性。这是一款经典弧圈底板。世界冠军王励勤、郭跃曾经使用
红双喜	狂飙龙 5X	5 木 +2 芳碳	6.0	90+	七层芳碳纤维板，应用护芯技术，底劲内蕴，芳碳混编带来了超过普通七层纯木底板的强大力量，出球速度快，连续击打都能保持很好的力量。发力通透酣畅，小球清晰稳定。延续马龙系列攻防转换快、快速而多变的风格
亚萨卡	YEO	5 层纯木	6.1	80～89	YE 二代底板的改进型设计，球板的底劲增大，弹性增强。使用较硬的五层北欧板材，攻守平衡的优异性为它的最大特点。全面发挥马琳的强烈力度和细腻的技术。新木纤维的高品质给予了这款底板出类拔萃的特点——强大的力量、更大的甜点，同时又保持了很轻的重量
蝴蝶	科贝尔	5 层纯木	5.9	90+	稳与快结合较好，接发球摆短易控制，捷克的主力球员科贝尔使用，容错性好，弧圈容易上手，但是杀伤力一般

续表

品牌	型号	材质结构	厚度（mm）	球板重量（克）	性能
红双喜	狂飙皓 3	2 纯木+GC（单玻碳）+2 纯木	5.8	80～89	五层单玻碳结构。仅有一层玻碳作为大芯，这一独特配置让底板的借力更好，手感强烈。狂飙皓 3 不仅延续了狂飙皓系列底板一贯的细腻控制能力和通透凌厉的进攻，更带来超强的两面弧圈能力，能充分发挥反拉、反撕、反带等弧圈技术的威力
斯蒂卡	Rosewood NCT V	5 层纯木	5.6	80～89	作为近几年优秀五夹的代表者，斯蒂卡玫瑰五是在传统五层弧圈型纯木的基础上，将面材更换为更加华贵和坚硬的玫瑰木，在表面经过特殊处理后，手感硬而细腻，近台球速很快，更加好借力，比起传统弧圈五夹要更为扎实一些，是乒乓球选手许昕的曾用底板和代言款，推荐喜欢弧圈进攻为主、打法全面的球友使用
斯蒂卡	INFINITY VPS V 钻石 5	5 层纯木	6.1	80～89	斯蒂卡 VPS 是斯蒂卡采用全新钻石触感科技技术的新时代纯木底板，由樊振东代言。底板采用了斯蒂卡经典弧圈型五层纯木底板结构，但是和原先的经典结构相比，VPS 的云杉力材经过特殊的碳烧处理，底板整体手感更脆柔一些，减少了很多以往弧圈五夹"弹簧"效应明显的问题。VPS 在小力量下表现得忠实稳定，很容易上手去控制球，表现得并不是很弹。台内小球和近台快攻的控制力表现尚佳，更改落点和方向十分容易
斯蒂卡	Energy Wood	5 层纯木	5.8	80～89	STIGA 独特的底板黏合技术和干燥技术创造了又一款轻型攻击性底板，在选手追求速度与控制的均衡性上，它是 STIGA 特有的选择。这是一款新型中近台弧圈打法的代表型球板，较厚的芯材使手感更扎实，吃球更深，更易控制。中近台暴冲弧圈球异常凶狠，弹打方面表现亦优异。适合自身力量大、中近台拉打结合的选手。陈玘曾用

续表

品牌	型号	材质结构	厚度（mm）	球板重量（克）	性能
多尼克	奥恰洛夫 Senso V1	7层纯木	6.4	90+	为了配合VOC（挥发性胶水）禁令，Ovtcharov Senso V1 7层板运用了硬核桃木加强了板身外层的硬度。内层是把中等硬度和中等软度的单板经过严格调整相结合，令板的控制性和速度有较大的提高
多尼克	DONIC WALDNER SENSO	5木＋2碳	5.8	80～89	以DONIC畅销的瓦尔德内尔拍为基础，加入了额外两片碳纤维后，成为力量与控制的优秀结合体。另外，这把球拍拥有Donic独特的V1中空柄技术，让球拍再一次加强威力，却又不失原本的手感。DONIC是奥运及世界冠军瓦尔德内尔用拍

三、快攻弧圈型

（一）快攻弧圈型打法技术组合

这种打法将快攻技术与弧圈技术结合在一起，具备两种打法的特点，通常使用两面反胶海绵拍或一面反胶、一面生胶海绵拍，世界冠军王涛、王晨以及阎森、马琳等国手均使用这种类型的球拍。快攻弧圈型打法要求运动员以快为主，其技术风格为"快、转、准、狠、变"，具体技术组合如图3-21、3-22所示。

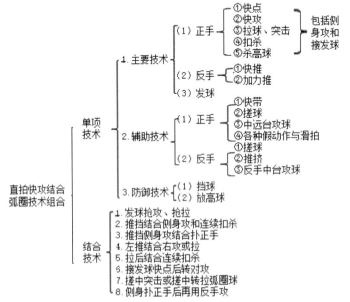

图3-21　直拍快攻结合弧圈技术组合（依邱钟惠《现代乒乓球技术研究》）

74

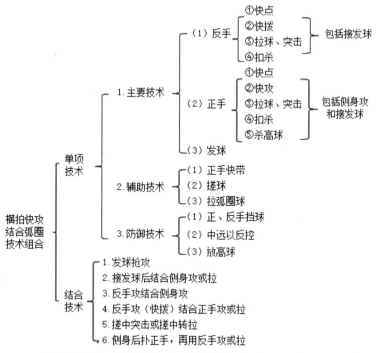

图 3-22　横拍快攻结合弧圈技术组合（依邱钟惠《现代乒乓球技术研究》）

（二）快攻弧圈型打法球拍配置

快攻结合弧圈进攻型打法要求选择既适合快攻又能拉弧圈球的球板，用于快攻与弧圈球结合。弧圈球运用较多的人应选择手感软一些、厚度较薄的五层底板，反之快攻技术运用较多的人需要选择偏硬的、较厚的七层底板。底板的厚度一般在 6.5 毫米左右，直板单面贴海绵胶的底板重量约为 90 克，双面贴海绵胶的底板应在 85 克以下；选择横板的话，重量通常约为 90～95 克。

反胶可选择厚度为 2.1 毫米、硬度在 45 度左右的海绵，由于多数横板的反手进攻都在近台，所以用于反手击球的海绵应该比正手的薄一些，更利于快攻技术的运用。还可选择使用生胶海绵快攻，生胶是一种胶质软、弹性较大且颗粒较大的正胶，用它攻球速度快，但是旋转较差，因此攻球弧线较平（下沉）。选择相应的海绵厚度为 1.8～2.0 毫米，硬度在 35 度左右；也有人使用长胶或半长胶进攻。长胶颗粒在击球瞬间会被来球压倒，并立即从不同的方向反弹，因此不容易摩擦来球制造自主旋转，所以击球多带有来球的反旋转。同时又由于倒向不同方向的颗粒不等，反弹力的方向也不尽相同，因此回球弧线飘忽不定。长胶进攻通常选择的海绵厚度为 1.0～1.5 毫米，而且硬度较高，这样既能保持一定的击球速度，又使回球弧线飘忽下沉。快攻弧圈型打法底板推荐，如表 3-10 所示。

表 3-10　快攻弧圈型打法底板推荐

品牌	型号	材质结构	厚度（mm）	球板重量（克）	性能
斯蒂卡	CL	7 层纯木	6.7	90+	刚性突出，适合近台的快攻和中台的相持。优良的操控性和良好的手感使 CLIPPER WOOD 成为众多两面异质胶皮选手的首选之一
蝴蝶	HARIMOTO TOMOKAZU INNERFORCE ALC	5 层纯木＋烯丙基碳	6.0	80～89	更宽的板面增加了底板整体横向纤维走势的比重，在一定程度上提高了底板的硬度。有利于稳定输出攻击力，胜任近台两面全面进攻打法，同时还降低了在触球时底板的振动感
红双喜	狂飙 301	5 层纯木＋2AC（黑黄芳碳）	5.8	80～89	底板稳态技术是红双喜新型的压板工艺，用在这款底板上可以让底板的高性能保持更长时间，不易受温度和湿度的影响。也能让手感更加清晰，对力量的触感更加灵敏，发力也更精确到位
蝴蝶	蝴蝶王 TAKSIM	5 层木板+2 芳基碳素	7.1	80～89	搭载 ARYLATE CARBON，是纤维和碳素交织而成的特殊素材，使用了这款特殊素材的底板不但易掌控，而且出球速度快。拉弧圈或攻球时弹力巨大，速度极快。同时推挡搓球十分稳健
蝴蝶	VISCARIA	5 层木板+2 芳基碳素	5.8	80～89	芳基纤维的使用使该板具有重量轻、较好的柔韧性和减震的特点。手感清晰，出球速度快，发力容易，容错率高，触球感较软，非常全面。奥运冠军张继科曾使用
亚萨卡	马琳碳	5 木 +2 碳	5.8	80～89	此款底板是亚萨卡公司为中国球员马琳量身打造的一款碳晶底板，应用了 YASAKA 独有的 3D 技术和贴合技术，既有力量，又有不错的控制手感。底板采用 5 层纯木 +2 层碳素组成，新碳纤维的高品质给予了这款底板出类拔萃的特点——强大的力量和更大的甜点，同时又保持了较轻的重量

续表

品牌	型号	材质结构	厚度(mm)	球板重量(克)	性能
多尼克	Persson Power Carbon	7层纯木+2薄碳	6.8	90+	该款底板具有较好的速度和攻击性能。它在瑞典制造的persson power speed 底板基础上进行升级，增加了两层碳素层，变得更快更强，senso v1 中控手柄设计令触球的时候相对柔软和敏感，容易控制
TSP	HINO-CARBON POWER	5层纯木+2纤维	7.0	80～89	强弹性，超快型底板。桧木和桐木之间加上碳素使其反弹力提高。适合用于所有的技术，发挥专业选手也认可的高反弹性能。李佳薇用
红双喜	劲极15E	7层纯木	6.1	80～89	大芯是加强的三层结构，肉眼不易分辨，采用了类似专业YEO的大芯多层拼接工艺。黑檀7夹，弧线低平前冲，劲极15的升级版，更适合40+大球使用，出球速度与发力俱佳，非常适合快弧打法的选手，手感硬而韧，发力打击的感觉比较实，干净爽快
多尼克	Persson Exclusive Off 北欧精选-21	5层纯木	6.3	80～89	北欧精选-21是DONIC公司最新开发的快攻弧圈型底板，板身较薄而坚硬，以攻击为主，用了佩尔森的名字为其命名，做工精美，深受广大球迷喜欢，适合于快攻结合弧圈的选手使用

四、削攻结合型

（一）削攻结合型打法技术组合

这种打法虽称之为削攻结合，但是绝非削攻各占50%，有的人将发球抢攻、削中反攻作为主要得分手段，削球变化只是为了扰乱对手，制造机会，如世界冠军丁松就是这样，最初许多人认为他是防守运动员，把他当防守型打法打，结果吃了大亏；也有的人以削球变化作为主要得分手段，进攻只是一种干扰对方的战术手段，如国手王辉等。削攻结合型技术风格为"转、稳、低、攻、变"。具体技术组合如图3-22、3-23所示。

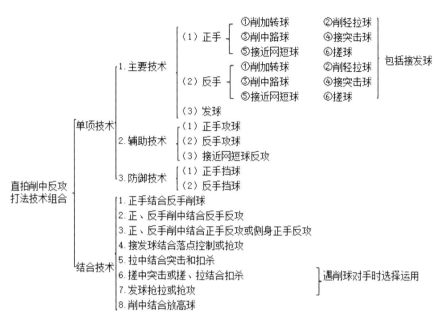

图 3-23　直拍削中反攻打法技术组合（依邱钟惠《现代乒乓球技术研究》）

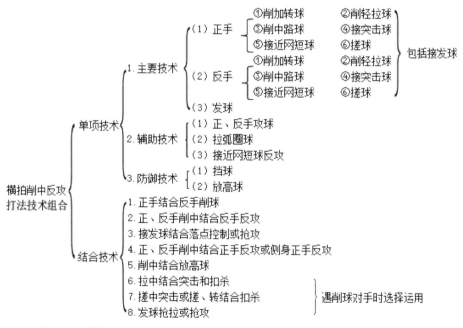

图 3-24　横拍削中反攻打法技术组合（依邱钟惠《现代乒乓球技术研究》）

（二）削攻结合型打法球拍配置

削攻结合打法的运动员，由于技术掌握须十分全面，为保证削球与弧圈进攻的旋转，通常选择表面黏性较好、颗粒略长的反胶；为了保证其削球、防守的良好控制，经常挑选厚度适中（1.5 ～ 2.0 毫米）并且软硬适中（40 度左右）的海绵。

削攻结合的核心是"变化"，即旋转变化、攻削变化、落点变化和节奏变化等，因此选用的球拍也要充分体现和适应这种变化。许多人选用两面性能各异的球拍，如一面选用反胶海绵用于主动变化旋转和进攻，另一面选用厚度在 0.8 毫米以下的极薄的海绵配长胶或正胶、生胶；也有人使用防弧胶皮，这是一种弹性低、表面不黏的反胶，配合厚度在 1.5 毫米左右极软的低弹性海绵用于削球控制与变化。削攻结合打法选用的底板通常板面较大，这样的球板手感更柔和，控球时间较长。板面使击球重心前移也有利于离台击球用力。削攻结合打法底板推荐，如表 3-11 所示。

表 32　削攻结合型打法底板推荐

品牌	型号	材质结构	厚度（mm）	球板重量（克）	性能
VICTAS	KOJI MATSUSHITA（松下浩二）	5 层纯木	5.4	80 ～ 89	底板薄，手感软，十分适合削球，吃球深，速度慢，但稳定性很好，发力攻球突然，适合中近台拉球，旋转极强。这款底板是削球打法的首选底板，适合正手反胶、反手长胶打法
挺拔	李倩	5 层纯木	5.5	80 ～ 89	2018 年欧洲单打冠军李倩亲自参与研制和测试，结合球员本人的技术特点，无论正反手都能准确控制落点。攻守平衡是该款底板最大的特点，中台反击有强大的爆发力和充足的后劲，解决了削球板面较大、进攻时出球会有延迟感的问题，融合了削球的"吃球"和进攻的稳定性
尤拉	CWX 陈卫星	7 层纯木	5.9	80 ～ 89	为削球大师陈卫星量身打造的底板，七层纯木结构，加入全新"BLACKCLOTH"材料，削球防守稳健，出球速度快，使削球更具侵略性。削球带攻底板，击出快速强劲的上旋球，对削中反攻提供强有力的支持，底板攻守俱佳，适合削球选手使用
蝴蝶	Joo Se Hyuk 朱世赫	5 层纯木	6.0	90+	第 47 届巴黎世界锦标赛男子单打银牌获得者朱世赫使用。5 层纯木，底板软，速度快。适合防守反击，削中带攻打法。防守范围大，易加转，连续进攻有威力

品牌	型号	材质结构	厚度（mm）	球板重量（克）	性能
多尼克	Defplay SensoV3	5层纯木	5.4	70～79	多尼克公司经典的作品之一，削球王V3采用了SENSO专利技术，无论正手反手都能准确控制落点，突出的表现在于中台反击，表现出强大的爆发力及充足的后劲。适用于防守型为主结合反击球手
银河	980	5层纯木	6.5	80～89	朝鲜国家乒乓球队队员全宋依使用。防守型底板，手柄短，转换方便，以削为主，并适用于削中反攻。经典底板外观设计，酷炫时尚，板身轻薄，通透性强，善于中近台对拉。选用吸汗木材制作，防滑吸汗，表面打磨细腻，握感舒适。手柄表面细腻柔滑，与手接触时能保持相对适合的摩擦，人性化设计，更为贴合、舒适
斯蒂卡	Blade Defensive Classic	5层纯木	5.5	70～79	由软质的外层和经典的防守特性打造的防守5层底板，能够为球员提供极易上手的熟悉手感，使其在防守性对抗中表现得更为优越。斯蒂卡防守五层底板拥有防守与进攻的完美平衡，拥有轻量级防守型5层底板，具有出色的手感和控制力，柔软的外部贴面和经典的防御特性是削球手在防御性比赛中寻求终极控制的理想武器
红双喜	08X	5木+2碳素	5.9	80～89	5木加2碳，针对40+球而准备，碳素削球型底板，专业队使用，大拍面。削球反攻底板，5层纯木加2层特殊加工的花式碳毡，稳定控制的同时在进攻中也有不俗的表现
蝴蝶	DIODE V	5层纯木	5.7	90+	减轻了重量，同时增加了弹性，容错性也有所提高。以进攻为主的削球型球拍。这是一款可以击出更强选择以及威力更大的弧圈球底板。由于相较于其他削球型球拍更具有弹性，推荐给以进攻为主的削球型选手

第四节　不同购买途径如何选择适宜的乒乓球拍

一、网络购买

在网络资源发达的今天，我们不管在任何地方，都可以通过网络平台购买到我们需要的东西，小到一颗螺丝钉，大到一辆汽车，我们在网上都可以进行购买。乒乓球拍的购买也是如此，如成品拍、底板、胶皮、乒乓球、胶水、滚胶棒、清洁棉、清洁剂、保护膜、护边膜，乒乓球桌、乒乓球网等一系列器材都可以在网上购买到。但是，网络购物平台如此之多，如淘宝、天猫、京东、拼多多、微信公众号、当当、亚马逊等，在哪个平台购买，该如何进行搜索，又如何选择店铺，如何确认购买的商品为正品，如何以称心的价格购买到心仪的商品，这些都是我们选择网络购买时需要知道的事项。

（一）在何种平台进行搜索

每个人在进行在线购物时通常都有自己的习惯，如购买电器在国美、苏宁易购上查找，购买书籍在当当、亚马逊平台上搜索，购买衣物在淘宝、唯品会上进行，基于互联网平台，卖方展示其欲出售的物品，买方在平台上比对选择想要购买的物品。那么乒乓球拍在这些平台上也可以搜索得到，有一些比较好的店铺在许多购物平台上都有布局，但是其主要精力投入在一两个平台上。下面我们介绍两个比较常用的乒乓球拍购买平台，一个是天猫，另外一个是优个网。

相信不少人接触网络购物平台是从淘宝和天猫购物平台开始的，两个平台都是阿里巴巴集团下的购物平台，但是两个平台稍微有所区别，天猫平台是属于品牌类的集合的商城，大部分是品牌类企业入驻，淘宝平台属于许多集市店铺的合集，大部分为中小企业入驻。那么选择在天猫上购物，在产品质量上来说更有质量保障一些。

优个网是一个集多个运动项目品牌器材销售为一体的网络销售平台。主要分为羽毛球品牌、乒乓球品牌、跑步品牌、网球品牌、户外品牌，各个品牌下面都有相对应的品牌。如羽毛球品牌有 VICTOR（威克多）、YONEX（尤尼克斯）、李宁、美津龙等，乒乓球品牌有蝴蝶、红双喜、斯蒂卡、达克等，跑步品牌有亚瑟士、耐克、阿迪达斯、欧比、海尔斯等，在这些平台上我们可以根据需求进行选择。

天猫购物平台和优个平台都有自己的特点。在天猫购物平台上我们通过搜索可以找到专业的乒乓球器材销售店铺，那种店铺只做乒乓球器材的销售，在购物时销售客服也能提供相对专业的解答，但是需要我们了解如何识别商品的质量。优个购物平台的特点是只做运动品牌，品牌相对更加集中，客户针对性也比较强，但是里面品牌多，容易造成我们的选择恐惧，反而不知如何下手。因此，乒乓球运动员或者爱好者可以根据自己的情况选择合适的平台进行搜索与购买。

（二）如何进行搜索

以天猫购物平台为例，在面对天猫的搜索框时，输入何种关键词或者名称是购物时需要注意的。如果直接输入乒乓球拍，那么所看到的就是各类成品拍的显示，系统默认你需要的是一块成品拍，呈现的将是一些星级成品拍，这种球拍适合家庭娱乐或者短期使用。

如果需要购买更为专业的乒乓球球拍，并能够进行底板、覆盖物、胶水、乒乓球等专业器材的选择，又能够提供各种各样的乒乓球品牌挑选服务，那么就需要换一种方法进行搜索，在搜索框中输入乒乓球器材专营店，那么搜索出来的大部分为乒乓球运动器材专营店。

（三）如何选择店铺

在进行了正确的搜索之后，就可以点进去浏览店铺的主页，在店铺的主页确认其是否为乒乓球器材专营店，一般的乒乓球器材专营店，其主页通常有乒乓球底板、乒乓球胶皮、乒乓球胶水、乒乓球鞋服、其他乒乓球附件等分类。也可以根据品牌进行浏览与选择。

当然，搜索出来的并不一定全是乒乓球专营店，在点击进入店铺前，需要注意在"进入店铺"下方显示的这个店铺里面有多少商品与搜索的关键词相关，根据相关商品数量的高低选择合适的店铺。一般来说，相关商品数量越高的店铺其销售的乒乓球专业器材越多，专业度也越强。有的店铺显示只有一件相关商品，有的则有上千件相关商品。

选择相关商品数量较多的店铺点进去之后，一方面是要看店铺是否为乒乓球器材的专营店，另外一方面需要看店铺的动态评分，店铺动态评分作为会员在交易成功后做出的评价，对于我们来说有比较大的借鉴意义。店铺动态评分主要从"物品描述相符""卖家的服务态度""卖家发货的物流服务"三方面进行，且这个评价是动态的，并非一成不变的，那就需要店铺有过硬的货物品质、良好的服务态度才能保持，因此其参考价值比较大。图 3-25 为相关商品评分较高的三家乒乓球器材专营店的店铺动态。

大成运动户外专营店 专营店
主营品牌：三维,骄猛,TIBHAR,Donic/...
所在地：浙江省 金华市

店铺动态评分　与同行业相比
描述相符：4.8　高于 16.17%
服务态度：4.8　持平 ---------
物流服务：4.8　持平 ---------

华青惠友运动专营店 专营店
主营品牌：Asics/亚瑟士,大维,DOUBL...
所在地：北京 北京

店铺动态评分　与同行业相比
描述相符：4.9　高于 30.77%
服务态度：4.8　高于 16.13%
物流服务：4.8　高于 2.86%

坤骘运动户外专营店 专营店
主营品牌：Lining/李宁,骄猛,DHS/红...
所在地：河北省 石家庄市

店铺动态评分　与同行业相比
描述相符：4.9　高于 42.88%
服务态度：4.8　高于 32.56%
物流服务：4.8　高于 23.21%

图 3-25　天猫购物平台三家店铺动态评分

（四）选择下单

选择合适的店铺之后，在相应的店铺进行商品的选择，一方面我们可以根据自己的明确需求在店铺上进行选购加入购物车，另外一方面也可以询问相关客服工作人员，说明自己的想法，让其推荐合适的乒乓球器材。当然，另外一个比较关心的因素就是价格，一般来讲，如果是乒乓球器材专营店，店铺之间的竞争压力也比较大，价格不会过于悬殊。

当然，有些商品在价格上存在一定的差异，也不排除店铺周年庆活动优惠让利等情况。我们可以在货比三家的基础上选择心理接受程度较高的价位进行购买，但是应注意价格不宜差距太大，以免购买到次品。

二、实体店购买

伴随着线上经济的火热，越来越多的人选择在线上购物，但是乒乓球拍的选购与买衣服和鞋子一样，还是有许多乒乓球爱好者喜欢现场感受购买的球拍，实地挑选乒乓球胶皮和底板，如有机会，购买后在实体店进行试打感受一番方才满意。为满足乒乓球爱好者的此类需求，许多器材制造商在线下设置了体验店，如红双喜上海体验店（如图 3-26 所示）、四川成都和嘉天健体验店。线下体验店的建设为乒乓球爱好者体验乒乓球器材提供了极大的便利。

图 3-26 红双喜上海体验店

位于上海市黄浦区制造局路 258 号 1-03 的红双喜上海体验店配备了齐全的红双喜各系列产品，在体验店中，用户可以在网上进行预约，预约成功之后可以在体验店感受红双喜公司的最新、最热门的系列产品（如图 3-27 所示），如乒乓球自练神器、顶级比赛的场地设施和球台、最新款的底板以及胶皮，当然也可根据需求在现场购买相关产品后享受专业的粘贴球拍服务。

图 3-27 红双喜上海体验店提供顶级比赛球拍体验服务

但是由于实体店店面以及其他因素的限制，并不是所有的乒乓球实体店都能提供如此优质的体验服务。每个地方的乒乓球器材购买体验都不尽相同，因此，本书仅从相似的地方介绍如何在实体店进行球拍的购买。

（一）店铺的选择

实体店店铺分为两类，一类是乒乓球器材专营店（如图 3-28 所示），另外一类为文体综合用品店（如图 3-29 所示）。乒乓球器材专营店是专门出售乒乓球器材的店铺，是为特定人群而设定的，因此，受众面有限，故不常见，一般这类店铺设置在一个城市的体育馆或者乒乓球馆附近，一般与乒乓球场馆配套而存在，也为一般的乒乓球爱好者提供了更方便的选择。

图 3-28　乒乓球器材专营店外部

文体综合类店铺通常将各式各类体育器材和文具放在一起销售，如篮球、足球、乒乓球、羽毛球、笔记本、毛笔等，一般价格比较实惠，其销售的器材质量一般，适合平常的娱乐使用，但是作为专业的乒乓球器材使用还存在较大的差距。

图 3-29　文体用品店

　　实体店购买的选择性不如线上购买的多，一方面是城市的资源所限，一个地区的乒乓球器材专营店可能集中在比较大的城市，一般的乡镇地区由于乒乓球器材的需求有限，因此乒乓球器材专营店较少。另外一方面由于乒乓球器材的种类繁多，实体店的器材展示需要较多的空间来摆设，相比线上的网络空间平台展示，实体店的空间扩张则需要更高的成本。

　　由于有两种店铺有乒乓球器材出售，所以我们线下购买的搜索方式也有两种。一般的乒乓球器材我们在地图中搜索文体店就能够查找周边的店铺位置。文体店的优势是周边店铺较多，综合体育类器材较多，但是其乒乓球拍的质量往往不如专营店，价格也较为实惠。

　　乒乓球器材专营店，我们在地图软件上搜索"乒乓球器材"可以显示具体的位置。乒乓球器材专营店提供各式各类乒乓球器材购买服务，这类店铺一般较少，可以通过地图查找或者向对于这方面比较熟悉的乒乓球爱好者进行咨询再前往购买，其优势是店内乒乓球器材种类齐全，质量可靠，价格相比文体店要贵些。

（二）到店后如何咨询

　　文体店的乒乓球拍选择较少，价格也基本是明码标价，因此咨询也更为简单。这里着重介绍到乒乓球器材专营店如何进行咨询，并以合适的价格购买适宜的球拍。在进入店铺了解前，可以先了解并明确自身的定位和需求。从购买

86

器材的经验角度来看，去乒乓球器材专营店购买器材的人员，基本可分为三种：第一种是什么都不懂的类型，就纯粹是买一块球拍，对于自身打法、球拍的类型都不太清楚，这个时候的需求就只是一块打球的球拍，需要店铺服务人员进行推荐；第二种是半懂不懂，有所了解，但是却不深入，有自身初步的意向，需要店铺人员给予专业的解释；第三种是懂行的老球友，这类对于自身的需求很明确，对于乒乓球胶皮和底板的要求较为严格，海绵的厚度、底板的重量等方面都有明确的需求。在了解了自身的定位后再进入乒乓球器材专营实体店，就不会陷入选择的恐惧中了。如图 3-30、3-31 所示，乒乓球器材专营实体店摆设的乒乓球底板和胶皮种类非常之多，如果没有明确自身的需求和定位就进入购买，很容易迷失在器材的挑选中。

图 3-30　乒乓球器材专营实体店器材展示

图 3-31　乒乓球器材专营实体店胶皮展示

上述第一类人员进入乒乓球器材专营店购买乒乓球拍时，明确了自身的器材需求只是一块乒乓球拍之后，还需要进一步明确自身的器材购买预算。一般如果只是需要一块比较专业的球拍进行打球，或者是初学者购买球拍，可以让销售人员进行推荐，销售人员往往会根据价格预算推荐性价比较高的入门球拍，一块球拍整体搭配下来的价格在 200 ~ 500 元不等，200 元左右的大部分配备的是国产底板，500 元左右就能够配备到一般价位的进口底板，两面胶皮的价格预估在 100 到 150 左右，使用的是国产的反胶胶皮。上述第二类人员在购买的时候，由于对器材有了一定的要求，这个时候可以根据自身打法与特点让销售人员推荐不同价位、不同性能的底板和胶皮，以利于自身技术和打法的发挥，但越专业、性能越好的底板与胶皮的价格往往也越高。上述第三类人员在购买的时候，咨询起来更为轻松，往往只需要说出底板和胶皮的型号，服务人员就能够为其精确找到需要的产品。对于价格这一块，我们可以提前或者在现场进行价格的了解，如在前面我们提到的网络店铺进行搜索，搜索出来的商品价格作为比较，有的商品价格贵些，有的则比网络店铺便宜。实体店店铺的门面费相比网络店铺的费用更高一些，因此，价格会稍微贵点，但是相比网络店铺，价格出入不会太大，如斯蒂卡底板的折扣在 7 ~ 8 折，亚萨卡底板的折扣在 4 ~ 5 折，这在购买的时候可以与实体店服务员进行沟通。

三、购买后 DIY 球拍

不管是在网络购物平台还是实体店购买乒乓球拍，商家都会提供乒乓球胶皮的粘贴服务，因为乒乓球底板的拍面形状有方形、圆形以及异形的，所以器材厂商在制作覆盖物时，胶皮的形状和底板的形状并不是匹配一致的，一般的形状是近似方形，如图 3-32 所示。此外，许多新的乒乓球底板在使用前拍肩位置容易造成虎口位置的损伤，需要使用者自行用砂纸打磨到舒服的程度。还有就是许多乒乓球爱好者或者运动员在球拍胶皮老旧了之后需要更换新的乒乓球胶皮，有的时候就需要自己动手进行胶皮的更换。前面讲的林林总总的情况，就是需要我们掌握乒乓球拍的 DIY（自行粘贴球拍），整个 DIY 过程并不是特别复杂，整个过程做下来也会有不小的成就感。因此，笔者在这里给大家简单介绍一下粘贴的过程。

图 3-32　未粘贴的乒乓球新胶皮

（一）粘贴乒乓球拍需要的器具

乒乓球拍的粘贴需要一些基本的器具，拥有这些器具能让我们把乒乓球拍粘贴得更为专业，看起来就与乒乓球成品拍机器切割的差不多。如果需要自行买来乒乓球底板和乒乓球胶皮进行 DIY，或者需要更换乒乓球胶皮，就需要准备以下的器具。

1. 胶水

图 3-33　乒乓球拍黏合剂（无机胶水或者有机胶水）

乒乓球拍黏合剂（如图 3-33 所示）主要有两种，一种是无机胶水。一种是有机胶水，无机胶水目前是国内外正式比赛中所规定用的黏合剂，而部分业余乒乓球爱好者可能还是用的有机胶水，其快干的特性以及对于海绵的膨胀性能是广大业余乒乓球爱好者喜欢的重要原因之一。

2. 裁剪工具

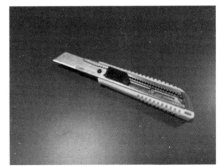

图 3-34　乒乓球胶皮裁剪工具

裁剪工具（如图 3-34 所示）主要用于乒乓球胶皮的切割，可以用剪刀或者美工刀，在裁剪前需要保证剪刀或者美工刀的锋利。如果是海绵胶皮套胶，建议使用美工刀，在裁剪的时候更为省力，且切出来的胶皮周边美观好看；如果是单胶片的裁剪，则建议使用剪刀，因为单胶皮用美工刀裁剪的时候容易出现胶皮跑位的情况，而用剪刀则不会出现这种情况。

3. 垫护工具

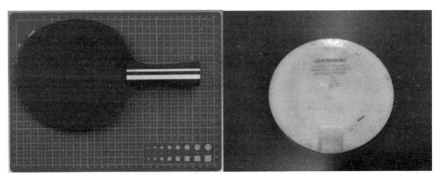

图 3-35　防护切割垫板与切割盘

垫护工具（如图 3-35 所示）指的是我们在裁剪乒乓球胶皮时，在胶皮底下垫的一层专业的防护切割垫板或者比较硬且厚的纸。美工刀比较锋利，在切割胶皮的时候底下需要放一层垫板，防止将玻璃或者木桌划伤。防护切割垫板是一种 PVC 复合材质的垫板，美工刀在上面划过之后，其能够进行一定的自我恢复，损伤较小，能够多次使用。当然，也可以将乒乓球胶皮的包装硬纸盒以及其他一次性使用材料作为垫板，但要使其保持平整，且控制好力度，以免损伤下面的玻璃或者桌面。

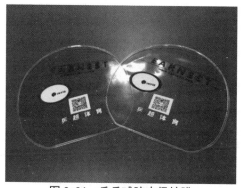

图 3-36　乒乓球胶皮保护膜

　　在粘贴胶皮的时候，需要将胶皮对齐乒乓球底板后从上至下按压，但是许多人在第一次粘贴或者重新刷胶水往上粘贴的时候，容易将胶皮贴歪或者对不齐而导致胶皮两边不对称，这就需要用到乒乓球胶皮保护膜（如图 3-36 所示）或者白纸，将其放在底板上，使人们粘贴胶皮时能够有参照对象，从而精准地将胶皮粘贴在底板上。

　　4. 辅助工具

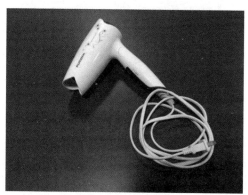

图 3-37　吹风机

　　吹风机（如图 3-37 所示）作为辅助工具之一，其主要目的是使胶皮上的胶水更快风干，尤其是无机胶水，在刷完无机胶水之后，需要等到海绵上的胶水干透了才能粘贴，无机胶水刷上去为白色，完全吸收后没有任何颜色，但是无机胶水自然晾干非常慢，如果想让胶水干得快，就需要用到吹风机进行吹干。

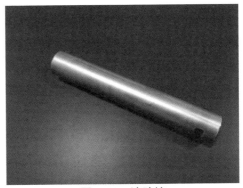

图 3-38　滚胶棒

滚胶棒（如图 3-38 所示）是粘贴胶皮不可或缺的物品，但也可用其他物品代替，如擀面杖、水瓶等，但是其表面必须平整、圆润、光滑，否则，在粘贴胶皮的时候容易形成部分地区压合不完全的情况，影响击球的效果。

图 3-39　乒乓球拍肩打磨砂纸

在完成了胶皮的粘贴后，还需要对球拍的舒适性进行调整，一般新的底板拍肩位置棱角比较分明，部分运动员或者乒乓球爱好者在握拍时虎口不太舒适，尤其是在横拍深握握拍的情况下，这时候我们需要用到砂纸（如图 3-39 所示）对拍肩进行一定的打磨，打磨的时候截取一部分砂纸对拍肩进行局部的打磨，将拍肩与虎口接触的位置打磨至舒适的程度。

（二）粘贴乒乓球拍的步骤

1. 拆装刷胶

底板的外包装一般为一个长方体的盒子，里面的底板被一层塑料薄膜包着，在手柄位置有防伪码，运用防伪码在品牌官网上可以进行底板真伪的查询。一般的胶皮外包装都是纸质的，拆开之后可以将纸质包装保留做胶皮切割时的垫护板，将套胶拿出来平放在包装盒的上面，如图 3-40 所示。

图 3-40　拆装放平

　　放平胶皮之后就将胶水倒在海绵上，如图 3-41 所示。不管是有机胶水还是无机胶水，其量不宜过多。也可用胶水自带刷子蘸上胶水之后进行胶水的涂抹，一块新的胶皮往往需要蘸胶水 5 ~ 8 次，已经切割过的胶皮撕下来再次进行粘贴的时候蘸胶水 3 ~ 4 次就可以完成一次的刷胶。无机胶水则需要将胶水倒到海绵上进行涂抹。

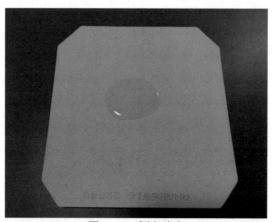

图 3-41　倒出胶水

　　胶水倒出来之后，有机胶水只需要将其抹匀在海绵上和底板上即可，海绵在有机胶水的充斥下容易膨胀，一般刷完 1 ~ 2 遍之后胶皮会呈现拱桥形状，下次再刷的时候需要等胶皮稍微恢复一点再刷。胶皮在第一次刷的时候可以多刷几遍，尤其是红双喜狂飙三海绵。有机胶水的使用者为业余乒乓球爱好者，需注意刷有机胶水一定要在通风的地方进行，以免胶水中的低毒物质挥发对身体产生影响。在用无机胶水刷海绵的时候要比刷有机胶水更为注意一些，无机胶水的刷头往往是一个海绵圆柱体，在刷的时候需要往一个方向进行，而不能像刷有机胶水般来回地涂抹。因为无机胶水的特性是干了以后会形成胶状物，如果来回刷，海绵来回摩擦可能会造成无机胶水的残留物增加，残留物干了以后就会变成固态的胶状物，这样再刷的时候，固态的胶状物容易带出到胶皮海绵上，从而影响刷胶的效果。有些乒乓球爱好者有可能用的是单胶皮，单胶皮在刷胶之前我们需要找一个位置将胶皮的四个角用透明胶进行固定，以免胶皮随意跑动和蜷缩。刷胶皮如图 3-42 所示。

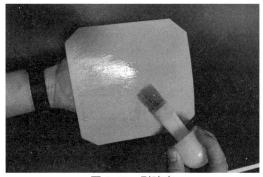

图 3-42　刷胶皮

底板刷胶水则更为简单一些，只需要将胶水在底板上涂抹 1～2 遍即可，在刷的时候需要一面一面处理，尽量不要同时将底板的两面都涂抹上胶水。有些底板其面材在胶皮撕下的时候容易拉丝，拉丝的木屑会在套胶的海绵上残留，为避免这种情况的产生，可以提前对底板的表面进行简单的处理。一般的做法是在容易拉丝的底板表层涂抹一层较薄的乒乓球底板专用护木液。此外，在撕下胶皮的时候，不能用力过猛。如果乒乓球底板的面材脱落较大的一块，可以使用 AB 胶进行黏合，而不能使用 502 胶进行处理，502 胶干了之后处理的位置胶水会特别坚硬，会对球拍的击球效果造成不良的影响。刷底板如图 3-43 所示。

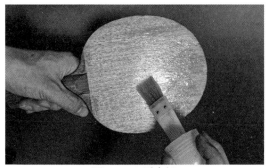

图 3-43　刷底板

2. 对准粘贴

　　将乒乓球底板和套胶的胶水刷好放置一段时间，需要等胶皮上的胶水干了之后才能将两者进行黏合。套胶和底板胶水干了与否可以用手进行触摸来判断，有机胶水刷完之后用手触摸，如果比较黏，就需要再晾上一段时间。无机胶水干了与否则好判定一些，无机胶水在刷的时候是白色，刷完干了以后底板和套胶上是没有颜色的。判断底板和套胶的胶水比较干了之后，用乒乓球胶皮保护膜或者纸张放置在底板上，与拍柄保持一段距离，如图 3-44 所示。

图 3-44　放置保护膜或者贴纸

　　将保护膜或者纸张放好之后，双手正向或者反向拿住胶皮的两侧，将有品牌标识这边对准拍柄位置，控制好两边的间距尽量相等，将胶皮往上顶住拍柄位置平行放置，且保证带有 ITTF 标识的字在底板板面之内，如果在板面之外，带有 ITTF 标识的部分被裁剪掉，比赛中球拍检测将无法通过。确认 ITTF 标识在板面之内后，把胶皮对准拍柄之后再放下去，否则容易造成胶皮贴歪。如图 3-45 所示。如果是直拍，预留部分可根据自身习惯决定，并拿标尺在底板上面用铅笔画线进行标记。

图 3-45　胶皮对准底板

3. 裁剪按压

将胶皮带有品牌商标的一侧对准乒乓球底板拍柄之后，就可以向下进行粘贴，并一手扶着胶皮的另一头，一手用滚胶棒从下至上进行按压，把这部分固定之后，可将垫在底板上的纸张或者保护膜拿开，再用同样的方法，从下至上用滚胶棒往前推动，第一遍力量不宜过大，用力要均匀，等整个胶皮都覆盖在底板上时，再使用中等力量在胶皮上来回滚动几次，如图 3-46 所示，确保胶皮与底板黏合稳固。

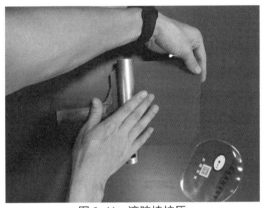

图 3-46　滚胶棒按压

将胶皮按压好了之后，就需要进行胶皮的裁剪，胶皮多余部分的裁剪需要用锋利的剪刀或者美工刀进行，如果是反胶，建议使用美工刀进行裁剪，如果是颗粒胶，则建议使用剪刀进行裁剪。使用美工刀进行裁剪的时候，需要将美工刀与底板之间紧密靠近，让美工刀靠着底板边缘顺下切割，并保持美工刀刀口处于直立状态，如图 3-47 所示。

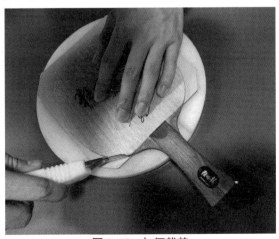

图 3-47　如何裁剪

　　美工刀切割正常情况下需要两道工序，第一道工序切割的时候需要保持美工刀以正确的姿势将海绵切割，第二遍切割的时候需要将胶皮切割透，这个时候球拍下面的垫护板或者纸板就起到了很好的作用。两次切割过程需要将胶皮或者身体进行旋转或者移动，避免将美工刀取出来再重新切割，尽量一气呵成，这样胶皮切割完了之后的切口才能保持整洁。切割海绵如图 3-48 所示。

图 3-48　切割海绵

　　同样地，如果手法比较成熟，可使用剪刀进行胶皮的切割，剪刀的切割相对难度大一点。颗粒胶的切割一般使用剪刀，在使用剪刀进行切割胶皮的时候，起剪位置需要先用剪刀的最前沿部分剪一个口子，然后将剪刀紧紧靠近底板边缘位置，保持剪刀与胶皮垂直的状态，由于底板的边缘是圆弧形，因此剪的过程中，应是一小段一小段保持圆弧形进行剪切，避免形成齿状类的胶皮块。剪刀剪胶皮如图 3-49 所示。

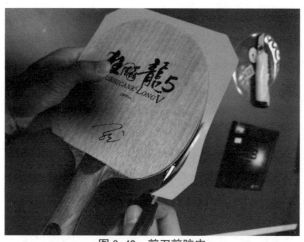

图 3-49　剪刀剪胶皮

4.贴边打磨

一面胶皮切割完之后，用同样的方法将另外一面胶皮切割好，乒乓球拍的DIY 就已经差不多算是大功告成了，还有最后一个过程是根据自身需求进行调整的，这就是乒乓球拍的贴边打磨。乒乓球拍的贴边用的是专业乒乓球底板护边条，有一种直接贴在底板边上的，比较薄，如绒布型、尼龙型，还有一种比较厚，覆盖面积较大，如海绵型。不管是哪一种，都能够对底板的边缘进行保护，对于拍子容易磕碰或者是初学者来说，贴上护边条的话对于乒乓球拍的保护是显而易见的。贴边保护条如图 3-50 所示。但是有的运动员或者乒乓球爱好者由于经常更换胶皮或者刷胶水，贴边保护条撕下来又贴上去显得比较麻烦，故而选择不贴。

图 3-50　贴边保护条

拍肩的打磨相对来说也是 DIY 过程中个性化处理的一个环节，大部分新的乒乓球拍拍肩位置棱角比较分明，如果握拍握得太紧，则容易造成执拍手虎口的不舒适，如果时间过长，还会对虎口位置的皮肤造成损伤。尤其是横拍握法，虎口与拍肩接触的前侧面积较多，如果不对拍肩进行简单的打磨，对于横拍握拍运动员技战术的应用也会造成较大的影响。拍肩打磨工具的选择也需要慎重，一般情况下，采用砂纸进行打磨，避免使用锋利的道具进行处理。打磨拍肩如图 3-51 所示。

图 3-51　打磨拍肩

第四章　如何适宜地保养乒乓球拍

在配备了适宜的乒乓球拍之后，适宜地保养乒乓球拍也特别重要。乒乓球专业运动员由于训练、比赛比较多，胶皮更换的频率也较高。但是普通的乒乓球爱好者，胶皮和底板的使用除了正常的磨损之外，胶皮的更换频率较低，一般在半年左右，在自身打法基本定型的情况下，底板的更换频率则更低。因此，不管是专业运动员，还是乒乓球爱好者，更换频率最高的是胶皮。笔者在实践教学中时常见许多学生都是手头拿着球拍就来上课，上完课球拍不做任何处理就又拿回去了，脏了的话拿到水龙头下清洗一下灰尘，如此下来，不到一个学期，胶皮表面的黏性全无，球在上面打滑，严重影响技战术的提高。更有甚者，胶皮使用久了，胶皮部分地区与底板之间裂开，使用了 502 胶水或者其他胶水将其固定住，胶水干了之后底板表面形成坚硬的胶水块，对底板造成不可逆的损害。如此种种，相信不少乒乓球爱好者或多或少都走过这样的弯路，为了避免此类情况的发生，我们需要对乒乓球拍的保养知识有一定的了解，以更好地延长球拍的使用时间以及保持球拍的性能。

第一节　正确使用

一、避免磕碰

在打球的过程中，需要避免球拍与球台、球网等物体的接触，在捡球的时候需要将球拍握稳，以免球拍脱落，更不可因为一时气急将球拍往地上摔，这在乒乓球赛场上属于影响不好的不良行为之一。如 2019 年国际乒乓球奥地利公开赛的资格赛中，王楚钦由于输掉了比赛，将球拍从本方球台扔向队友赵子豪的球台上，事后中国乒乓球协会对此也做出了对王楚钦进行处罚的决定，抛开其情绪导致赛场不良行为的角度来说，王楚钦对于自身球拍的正确使用方面做法欠妥，输球情绪的发泄可以用很多种方式来表达，球拍作为运动员打球最为重要的器具，好好保护球拍不受损害才是运动员应有的表现。

二、避免受热

乒乓球拍由乒乓球底板和两面的覆盖物组成，底板的 85% 以上都是木板，木板在受热后容易变形、翘曲，球拍的击球准确性将受到较大的影响。覆盖物主要由胶皮和海绵组成，胶皮和海绵都属于橡胶制品，橡胶制品如果在过热的环境中则容易发生焦烧、性能下降等情况，胶皮受热后表面的黏性会有所下降，并且局部会出现紧缩的情况，类似于防弧胶皮的特性。因此，乒乓球拍在使用的过程中，避免放置于过热的环境当中，以免影响球拍的击球性能。

三、避免灰尘

灰尘是黏性胶皮的杀手，如果灰尘在球拍上长时间不进行处理，那么对球拍胶皮的黏性将造成不可逆的损害。所以一般在打球的时候应将球台上的灰尘擦除，在灰尘比较多的地方打球时，球掉到地上注意球灰尘的处理。打完球之后，天气冷的情况下可哈口气对球拍胶皮上的灰尘进行清除，天气热的情况下可以用乒乓球清洁剂，配合海绵擦擦除灰尘，而不能在水龙头下用清水直接清洗。在乒乓球专业比赛赛场上，我们看到运动员经常对着球拍哈口气，是因为运动员在打球的过程中球拍的胶皮沾上了灰尘，对胶皮的黏性将会产生一定的影响，严重的情况下会造成回击球打滑失误，因此，运动员对着球拍哈气，使得球拍上沾上水蒸气，再用手轻轻擦拭，使得球拍的胶皮表面得以清洁。

第二节 合理保护

一、乒乓球拍保护

球拍在赛场内外都需要细心的保护。赛场内需要防止磕球台，严禁摔球拍，捡球时防掉拍。赛场外也需要对其进行合理的保护。乒乓球拍忌过热过湿的环境，因此，赛场外要用专业的乒乓球拍套将球拍保护起来，避免随意处置。常见的乒乓球拍套有呈葫芦形的，也有方形的，如图 4-1 所示，葫芦形的一般放置一块球拍，方形的厚一点，可以放置两块球拍，但是在放置的过程中注意用乒乓球胶皮保护膜或者纸张隔开，避免两张胶皮直接接触。

图 4-1　葫芦形及方形乒乓球拍套

二、胶皮保护

颗粒胶的防护工作相对较为简单，反胶乒乓球胶皮的保护主要是需要防止胶皮氧化，胶皮过度氧化会加快胶皮的老化过程。常见的胶皮老化表现为胶皮黏性不足、拉球打滑、表面过于光滑、光泽度过高、起鱼鳞等现象。

胶皮的保护分为两个部分。一是及时清理反胶胶皮上的灰尘与污渍，这个清理的过程可以简单地哈口气进行清理，有条件的情况下可以配备乒乓球胶皮清洗剂以及海绵擦（如图 4-2 所示），先在乒乓球胶皮上喷上增黏清洗剂，再使用海绵擦将灰尘清理干净。

图 4-2　乒乓球胶皮清洁剂及海绵擦

二是保存起来时贴上一层乒乓球胶皮保护膜。根据反胶胶皮有黏性和涩性之分，器材商分别开发了涩性反胶保护膜和黏性反胶保护膜（如图 4-3 所示）。涩性反胶保护膜比较硬且厚，本身带有一定的黏性，能够与涩性胶皮较为完全地贴合。黏性反胶保护膜则比较薄，质地较软，本身无黏性，利用黏性反胶本身的特性贴合在一起，防止胶皮与空气的接触。不管是涩性胶皮还是黏性胶皮，在清理完灰尘，并等清洁剂干了之后，将保护膜贴上去，并使用滚胶棒往一个方向轻轻滚动，将胶皮与保护膜之间的气泡挤出，然后放置在乒乓球拍套中保存。

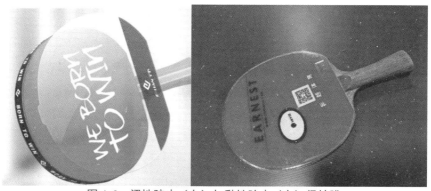

图 4-3　涩性胶皮（左）与黏性胶皮（右）保护膜

第五章　乒乓球拍发展展望

第一节　科技引领乒乓球拍发展方向

乒乓球运动的发展离不开科学技术的发展，以蒸汽机为代表的第一次工业革命和以电力为代表的第二次工业革命为乒乓球运动的广泛传播提供了可能。物理科学等学科的发展为乒乓球的发展提供了坚实的理论基础，乒乓球在空气中的平动研究必须借助于流体力学的理论，运动员双方在击球时的相互作用研究必须遵循牛顿第二定律、能量守恒定律，运动生理学、运动生物化学、运动生物力学、计算机等学科的发展为乒乓球动作、技术、选材等方面的发展提供了科学的依据。乒乓球运动属于手持器械隔网对抗类项目，科学技术的发展又引领着乒乓球器材的发展方向，赛璐珞球和塑料球都属于化学工业制品，属于科学技术的产物，球拍、球台、海绵、胶皮等乒乓球器材的研究制造需要材料力学的支持。科技在乒乓球拍的应用上主要体现在两个方面，一是底板，二是覆盖物。

一、科技在底板上的应用

《规则》中要求底板至少有 85% 的天然木料，因此，在追求高速度、强旋转的情况下，在底板 15% 的空间中加入高科技纤维成为趋势。下面以市场上常见的蝴蝶和斯蒂卡底板为例进行分析。蝴蝶公司以生产专业的乒乓球产品为宗旨，设置了乒乓球器材技术研发中心，蝴蝶的乒乓球底板中，种类繁多，其做工精细、性能卓越，使用的高科技材料使蝴蝶的底板在性能上更上一层楼，尤其是进入无机时代，蝴蝶公司生产的碳素底板、纤维底板、碳素纤维底板受到许多优秀乒乓球运动员的青睐。纵观蝴蝶底板的科技材料，主要有 ZL-CARBON（ZL 碳素纤维）、ZL-FIBER（ZL 超级纤维）、ARYLATE-CARBON（芳碳纤维）等。ZL-CARBON（ZL 碳素纤维）是一款拥有高反弹力和有机纤维，并将高强度、高弹性、轻量融于一体，外加上蝴蝶公司自创的特殊编制方法产生的新的碳素纤维，具有能攻能守的非常全面的高性能，代表性的底板有 AMULTART（阿莫勒挞）、SUPER ZLC（超级张继科）、Timo Boll ZL-CARBON（波尔 ZLC）。ARYLATE-CARBON（芳碳纤维）是纤维和碳素交织而成的新型碳素，使用了 Arylate CARBON 的球拍具有攻守兼备的性能，受到运动员喜爱的有波尔 ALC（Timo Boll-ARYLATE-CARBON）、VISCARIA（维斯卡利亚），Lin Gaoyuan ALC（林高远 ALC）等。蝴蝶底板张继科 ALC，如图 5-1 所示。

图 5-1　蝴蝶底板 张继科 ALC

　　斯蒂卡底板在球拍生产和产品上进行的创新使得其在乒乓球器材领域处于领先位置，广为人知的有 WRB、CR、TUBE、OPTIMUM、OVERSIZE 等。WRB 技术是将底板的拍柄处镂空，使得球拍的整体重量得以减轻，乒乓球拍的重心前移，球拍的击球力量得到了增加，比较具有代表性的球拍有 EG-WRB、TUBE Aluminium WRB（铝管王）、钛 5.4WRB、Tube ALL WRB（全能管王）等。CR 技术是在拍面的 2/3 处喷涂光敏树脂，经过紫外线照射，使面材变硬，在不影响球拍整体变形的情况下，提高了球拍的反弹效率，球拍的击球速度得到增加，同时，CR 技术解决了乒乓球底板面材拉丝的情况，经典球拍有 CL-CR、OC-CR、AC-CR、红黑碳王 7.6-CR 等。进入无机时代，斯蒂卡公司进一步开发 NANO 技术，制造出纳米 OC 系列、黑檀木系列、玫瑰木系列、水晶碳素系列等优质高科技底板，满足了无机时代运动员对于速度和旋转的追求。斯蒂卡面板 CR 技术，如图 5-2 所示。

图 5-2 斯蒂卡面板 CR 技术

二、科技在覆盖物上的应用

乒乓球拍的覆盖物从最初的没有，再到胶皮颗粒、胶皮海绵，推动着乒乓球技战术的纵深发展。现在的乒乓球覆盖物根据国际乒联的分法有 IN（反胶）、OUT（正胶和生胶）、LONG（长胶）和 ANTI（防弧胶皮）四种，其分类的主要依据是乒乓球胶皮颗粒是朝内还是朝外，根据这个标准国际乒联每年都会在其官网的设备栏目处公布球拍覆盖物的允许名单（LIST AUTHORISED RACKET COVERINGS:2020A），简称 LARC 表（见附件）。LARC 表中会将一些最新的国际乒联认可的覆盖物添加上去，同时也会将一些不再授权的胶皮类型公布出来，那么在正式的比赛中，裁判员将依据这个名单查阅运动员的胶皮是否符合国际乒联的要求。在应对大球和无机胶水的变化时，运动员对于覆盖物的要求也逐步提升，主要表现在三个方面：一是要求覆盖物在受到冲击时能够产生较大变形，以保证比较柔软的手感，增强球拍的控制力；二是要求覆盖物形变后恢复迅速，使得回球后球的速度得以变快；三是要求覆盖物的表面摩擦系数高，回球的旋转得以增强。针对运动员的这些需求，乒乓球器材商通过多种途径对覆盖物进行研发，其中最具代表性的就属内能套胶。

内能套胶是将海绵和胶皮拉伸膨胀后再进行黏合的新套胶制作工艺，当前的内能套胶技术已经超越了物理拉伸阶段，进入了化学工艺时期。内能套胶弹性好、力量足，有明显的金属声，免除了传统套胶对重复刷胶水的依赖性。内能套胶源自德国，从最初的尤拉探戈和岸度的变革套胶，再到多尼克的 F 系列套胶，以及到后面蝴蝶公司生产的 HIGH TENSION 技术套胶和斯蒂卡运用 MEGA TENSION 技术生产的系列套胶等。随着球迷对内能套胶认识的不断深入，使用内能套胶已经逐步成为套胶市场的发展趋势，在各大厂商的通力营销下，内能技术不仅在反胶套胶中广泛应用，在颗粒胶中也多有布局，为乒乓球运动员提供了丰富的选择。

从乒乓球拍底板和覆盖物的工艺发展来看，随着《规则》的改革和运动员多元需求的提出，越来越多的科技成分将融入乒乓球拍的制作当中。从乒乓球的全球推广和技战术发展来看，使用高科技的纤维底板和内能套胶成为运动员的必然选择，乒乓球器材厂商在未来肯定还会加强这方面的工艺研发，将会出现更多的拥有新设计、新材料、新性能的底板和覆盖物。科技的发展将引领乒乓球拍走向全新的发展方向。

第二节　规则引导乒乓球拍的发展趋势

进入 21 世纪，国际乒联出台了一系列规则的改革，如小球变大球、无遮挡发球、无机胶水的使用、11 分制、塑料球的使用等，这些规则的变化也在无形中引导着乒乓球拍的发展趋势。其中，影响较大的要数乒乓球球体的增大和无机胶水的使用。

一、乒乓球球体的变化与球拍的发展

乒乓球球体从最初的软木塞、橡胶球，到直径 38mm 的赛璐珞球，再到40mm 的大球，最后到如今使用的 40+ 塑料球，乒乓球球体的总体变化趋势是越来越大，球体的变大也必然导致球体的速度和旋转的下降。以 38mm 到40mm 的变化为例，同样的重量（2.5 克）下，大球的速度降低了 13%，旋转下降了 21%，在大球为标准的 2.7 克时，速度降低了 4%，旋转减少了 13%。40mm 的赛璐珞球变为塑料球之后，球的速度和旋转进一步降低，塑料球的平动速度相比赛璐珞球降低了 2%，旋转减少了 5%。球体的不断增大使得乒乓球的速度和旋转持续降低，体现在比赛中则是运动员前三板的威胁下降，更多的球进入相持段，比赛的精彩程度得到了提升，这与国际乒联改革的初衷不谋而合。

乒乓球球体的变大引导着乒乓球器材商对胶皮和底板的研发，增强胶皮和底板威力以满足运动员对于速度、旋转和力量的追求。以韩国品牌骄猛生产的胶皮为例，其使用能量转化的碳素与橡胶复合技术的海绵提升了球拍的速度，提高了球拍的整体弹性和回球速度。目前市场上受欢迎的有红 V、蓝 V、希格玛 2 专业版、希格玛 2 欧洲版、踏舞 2、欧米伽系列等胶皮。如图 5-3 所示，黑色的碳素海绵俨然已成为骄猛胶皮的标志性设计。

图 5-3　骄猛碳素海绵

二、无机胶水的使用与球拍的发展

　　从 2008 年 9 月 1 日开始，有机胶水正式退出历史舞台，无机胶水成为专业运动员在比赛中使用的黏合剂。传统的有机胶水，除了黏合的作用，还起到灌胶的作用，灌胶即将海绵的分子的状态由自由的螺旋状物理性变为拉伸伸直状态，此时海绵的微孔内的空气被有机溶剂挤出，微孔放大，其外在的物理性能表现为弹力大、稍变软，有机胶水的这种特性使得许多专业运动员和业余乒乓球爱好者在比赛前将胶皮撕下来进行灌胶，以获取在比赛当中击球的高弹性。但是有机胶水有强挥发性，且挥发的气体中具有一定的毒性，长期使用对于运动员的健康存在危害，因此，有机胶水虽然增加了击球时的速度，但是部分运动员一直倡导禁止有机胶水的使用。无机胶水的绿色环保性能使得其成为有机胶水的完美替代品，但是也牺牲了有机胶水的灌胶效果，因此，许多厂家在不用灌胶也能长久保持胶皮性能的内能胶皮上进行开发，如红双喜公司的 NEO 系列胶皮，就是红双喜公司在无机时代开发的套胶，在原来狂飙 3 的基础上，在海绵的底部加入了打底层，辅助海绵回弹性能的提升，同时采用真空包装方式对无机打底技术进行保存，使得 NEO 系列胶皮在没有刷有机胶水的情况下保留了原来的通透感。红双喜 NEO 狂飙 3（省套），如图 5-4 所示。

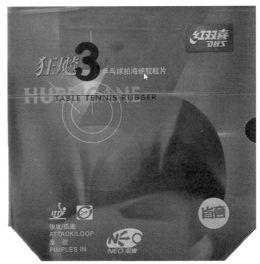

图 5-4　红双喜 NEO 狂飙 3（省套）

　　乒乓球作为众多体育项目中的小球项目，在中西方都有较为深厚的群众基础，但是其商业化和职业化程度有待提升，国际乒联进行了诸多的改革来获取更多群体的关注度和参与度，中国乒乓球队亦如此，通过多种渠道来推广乒乓球运动。2016 年里约奥运会使得中国乒乓球队成为"网红"（如表 5-1 所示），2017 年中国乒乓球队直通世乒赛也成功地吸引了一大批观众的关注（如表 5-2 所示）。

表 5-1　2016 年奥运会期间新浪微博热搜榜排名

排名	搜索热度	相关热词
张继科	4 亿+	张继科大满贯、张继科 24K 纯帅、张继科女朋友、张继科睡不醒等
宁泽涛	2.2 亿+	宁泽涛人气震惊美媒、宁泽涛女朋友、宁泽涛这个男人有毒等
傅园慧	1.7 亿+	洪荒之力、傅园慧铜牌，傅园慧魔性受访、傅园慧表情包等
马龙	1.3 亿+	马龙女朋友、马龙发型、科龙大战、马龙连得七分逆转战局等
福原爱	1.2 亿+	张怡宁福原爱、福原爱哭了、东北话十级的福原爱、福原爱让球等
林丹	1.1 亿+	林丹李宗伟、林丹换拍子、林丹三连冠、林丹里约现神技能等
刘国梁	1 亿+	中国队后面那个胖子、刘国梁训话、刘国梁操碎了心等

　　通过上表我们可以看到，里约奥运会期间，排名榜首的张继科的搜索热度破 4 亿，前七名搜索热度均超过了 1 亿，其中乒乓球运动员及教练占据了一半的位置，从相关热词来看，运动员的个人特性、成绩以及场下生活成为搜索焦点。自媒体的快速传播为乒乓球队成为"网红"提供了可能。

表 5-2　地表十二强赛男女人气榜前三名

排名	姓名	票数
男 1	马龙	5 910 925
男 2	张继科	5 411 203
男 3	方博	319 450
女 1	丁宁	892 999
女 2	刘诗雯	483 497
女 3	陈梦	324 736

2017 年中国乒乓球队直通世乒赛名字换成了"地表最强 12 人"，并且此次直通赛的转播也由往常的电视转播变为新媒体直播，名字的改变使此次直通比赛更加富有商业化气息，使用新媒体直播则更加吸引年轻人的眼球，同时在观看比赛时更注重与观众的互动。

因此，不管是从国际还是从国内来看，未来乒乓球规则改革的趋势是，增强比赛的精彩程度，增加比赛的关注度，吸引更多年轻群体的参与，保持项目的生命力。2020 年，国际乒联 CEO 史蒂夫·丹顿在一封公开信中提出了取消世乒赛单项赛事，通过 WTT 世界乒乓球职业大联盟来建立乒乓球国际职业赛事体系，推动乒乓球运动职业化与商业化。国际乒联对规则的改革仍在继续，乒乓球器材也要顺应乒乓球改革的发展，为乒乓球的改革推波助澜。

第三节　技战术引领乒乓球拍发展时代

胶皮拍将乒乓球带入了旋转的世界，海绵拍将速度融入了乒乓球发展的血液当中，反胶使得速度与旋转之间的对抗越来越激烈。乒乓球的技战术在前期的演进过程中，基本是单一的制约与反制约，如以转制快、以快制慢、以快制转、以转制转等。进入新的弧圈球时代，乒乓球的技战术发展跨入了整体制约与重点制约紧密结合的纵深发展阶段。

一、乒乓球技战术发展趋势

纵观乒乓球发展的历史，速度和旋转之间的对抗扮演着主要的角色，因为决定技战术发展的主要内驱力仍然是五个竞技要素和五个制胜因素的交叉组合，只有深刻理解技术和打法发展演进的内在动力和规律之后，才能在发展与变化中不断壮大。经过 21 世纪初诸多的规则改革之后，尤其是小球变大球、赛璐珞球变塑料球的情况下，力量逐渐成为继速度和旋转之后占据主导地位的另一竞技要素。球体的变大以及材质的变化使得乒乓球的速度和旋转都在下降，而想保证击球的质量，就必须加强击球的力量来提升球的速度和旋转，因此，各国运动员在这种情形下都加强了体能的训练，以求增强击球质量。新形势下，乒乓球比赛的特点是进入状态快、发接球转换快、比分变化快、竞赛节奏快、精力消耗大，这就要求运动员技术要全面、特点突出、积极主动。

当今乒坛已经进入了上旋球强强对抗时代，尤其是塑料球的使用后，乒乓球技战术的发展已经呈现出正反手均衡发展，中近台主动搏杀，接抢段积极主动，小动作发大力，快速的还原与衔接，极致的节奏、落点、线路变化的特点。球体的变大和材质的变化使得球落台后速度的降低和旋转的减弱更快，体现在运动员比赛中有三点：一是接发球时台内球的进攻更为主动，接发球的难度相比以前降低，尤其是在反手拧拉技术不断成熟的情况下；二是中近台的借力发力越来越多，正反手反拉成为常态，退到中台腾出空间发力拉穿对手的情况越来越少；三是反手战术地位越来越重，反手连续相持、中近台借力发力、反手强强对抗与攻防转换的情况越来越多，侧身强攻一板得分的情况越来越少，并呈现出"正手不弱，反手超强"的特点，这就要求运动员反手的技战术能力需要得到不断增强。

二、技战术演变与乒乓球拍革新

纵观乒乓球技术打法的发展阶段，可以看到技战术打法的演进与乒乓球拍的革新始终相辅相成（如表5-3所示）。1903年，古德发明了颗粒胶皮拍，把乒乓球带入了旋转世界。1951年，奥地利人发明了海绵拍，将乒乓球运动带入了一个更快速发展的时期。海绵拍的出现，大大地提升了乒乓球击球的速度和力量，促进了进攻型打法的快速发展；海绵拍的使用加大了球的攻击力量和速度，为快、准、狠、变的技术风格奠定了基础，使乒乓球技术得到很大提高。1957年，日本改革创新了海绵拍，正胶、反胶海绵拍应运而生，这将乒乓球带入了一个旋转与速度完美结合的时期。长胶、生胶、防弧胶皮的出现更为乒乓球技术打法蒙上了一层神秘的面纱。

表5-3　技战术打法演进与球拍覆盖物发展

年份	技战术打法演进	球拍覆盖物发展
1902	削球打法	颗粒胶皮拍
1951	中远台单面长抽打法	海绵拍
1957	近台快攻打法/弧圈球打法	正胶、反胶海绵拍

　　乒乓球新技术和新打法的不断发展促使乒乓球器材不断变革和完善。技术的快速发展对于器材提出了新的要求，技术打法的不断创新需要乒乓球器材的不断发展作为支持。据历届奥运会乒乓球男单决赛的技战术统计分析（表5-4所示）可知，乒乓球比赛的相持段的使用率和得分率处于不断上升趋势，乒乓球球体的变大以及其他规则的变化使得比赛回合数增多。

表5-4　历届奥运会乒乓球男子单打冠军三段统计表

年份	使用率／得分率	发抢段（%）	接抢段（%）	相持段（%）
1988	使用率	30.1	35.7	34.2
	得分率	60.0	55.6	46.0
1992	使用率	33.9	37.4	28.7
	得分率	71.8	51.2	48.5
1996	使用率	29.5	38.9	31.6
	得分率	57.1	51.4	50.0
2000	使用率	20.0	31.8	47.5
	得分率	78.4	42.1	45.9
2004	使用率	31.3	34.8	33.9
	得分率	69.4	57.5	35.9
2008	使用率	16.7	33.3	50.0
	得分率	73.3	56.7	46.7
2012	使用率	30.4	34.8	34.8
	得分率	64.7	51.3	56.3
2016	使用率	22.5	32.4	45.1
	得分率	56.3	90.9	50.0

　　在乒乓球运动竞赛中，当进攻和防守处于相对不平衡的状态时，运动员为寻求比赛当中的主动权，就会去积极地探索和发展新的攻防技战术积极打法，或从技战术出发、或从器材出发，以形成新的攻守平衡。当然，在新的平衡建立时，运动员又会去寻求和发展新的不平衡，正是在这种循环往复的"不平衡—平衡—新的不平衡—新的平衡"情况下，乒乓球的技战术才得以不断发展和创新。乒乓球器材的发展亦如此，在全台进攻体系的情形下，技战术的发展引领着乒乓球拍向着服务技战术"更快、更狠、多变"的方向前行。

参考文献

[1] 国家体育总局《乒乓长盛考》研究课题组. 乒乓长盛的训练学探索 [M]. 北京：北京体育大学出版社，2002.

[2] 岑淮光，王吉生，赵颖. 怎样打好乒乓球 [M]. 北京：人民体育出版社，2001.

[3] 王吉生. 乒乓球拍探秘 [M]. 北京：人民体育出版社，2005.

[4] 尹忠根，黄淑婷. 乒乓球器材革新与技术打法演进的研究 [J]. 青少年体育，2016（09）：127-129.

[5] 尹忠根，李采丰，黄淑婷. 第28～31届奥运会乒乓球单打冠军技战术发展研究 [J]. 南京体育学院学报，2018（07）：61-68.

[6] 尹忠根，李采丰，孟现录，等. 中国乒乓球队"网红"现象的社会学思考 [J]. 重庆第二师范学院学报，2017（06）：32-35.

[7] 成波锦，杨欢. 新型无缝塑料乒乓球的特征及对击球速度和旋转影响的实验研究 [J]. 北京体育大学学报，2014（10）：141-145.

[8] 马大卫，聂鹏，陈华福，等. 乒乓球运动发展背景下的器材革新趋势分析：以乒乓球拍的变革为例 [J]. 体育世界（学术版），2017（11）：45-46.

[9] 董声. 乒乓球规则、器材改革的怪圈：写在塑料球改革之后 [J]. 山东体育学院学报，2015（01）：62-64.

[10] 张明胤，徐金陆. 器材改革对乒乓球运动的影响 [J]. 运动，2014（04）：35-36.

[11] 兰彤，李冬. 乒乓球主导技术成因诠释及演进趋势研究 [J]. 沈阳体育学院学报，2014（01）：87-91.

[12] 张清雷，王瀚. 无机胶水对乒乓球运动的影响及应对策略研究 [J]. 吉林体育学院学报，2010（03）：39-40.

[13] 肖毅，黄睿，任杰，等. 新型有缝和无缝塑料乒乓球弹性特征及对击球速度和旋转影响的试验研究 [J]. 天津体育学院学报，2019（01）：67-73.

[14] 吉丽，陈国文. 碳纤维乒乓球拍底板材料的力学性能分析 [J]. 合成材料老化与应用，2019（05）：87-90.

[15] 高宝龙. 乒乓球拍底板木材的特性、结构及技术革新研究 [J]. 阴山学刊（自然科学版），2017（04）：36-38.

[15] 谢聪锋，李春. 乒乓球拍海绵特性碰撞动力学分析 [J]. 中国体育科技，2017（03）：140-145.

[17] 孙瑞，李春，任杰，等. 乒乓球底板结构对底板性能影响研究 [J]. 天津体育学院学报，2016（06）：519-523.

[18] 王磊磊. 近期国内外体育工程学前沿与热点分析 [J]. 中国体育科技，2015（03）：131-138.

[19] 徐碧鸿. 国内外高校体育工程学科建设与专业教育比较分析 [J]. 山东体育学院学报，2012（05）：109-114.

[20] 王太生. 现代体育工程学的应用与发展 [J]. 体育研究与教育，2012（01）：68-70.

[21] 许明山. 乒乓球拍底板与击球技术分析 [J]. 成都体育学院学报，2011（06）：52-54.

[22] 王斌，樊琼，何亮，等. 乒乓球拍用水性胶粘剂的制备与应用研究 [J]. 中国胶粘剂，2011（05）：30-34.

[23] 曾振豪. 乒乓球横、直握拍法利弊的运动解剖学与生物力学剖析 [J]. 体育科技，1992（04）：47-51.

[24] 尹忠根. 2009—2016 年优秀乒乓球运动员许昕技战术发展研究 [D]. 北京：北京体育大学，2017.

附件 中华人民共和国第十三届运动会群众比赛乒乓球比赛球拍检测工作方案

一、检测内容

（一）球拍整体完好性。

（二）击球拍面覆盖物的合法性（是否符合国际乒联现行批准或许可）。

（三）黏合剂挥发性。

（四）球拍表面平整度。

（五）胶皮海绵厚度。

二、检测工具或仪器

（一）球拍整体完好性：测量仪、标尺，或目测，或标准实物。

（二）击球拍面覆盖物的合法性：查阅 LARC（LIST AUTHORISED RACKET COVERINGS）N° 2017A|1 APR 2017—30 SEP 2017。

（三）黏合剂挥发性：RAE（VOC 检测仪）。

（四）球拍表面平整度：电子平度仪、厚度规、尺子。

（五）胶皮海绵厚度：电子厚度仪、放大镜、卡尺。

三、检测标准

1. 球拍整体完好性

①球拍两面不论是否有覆盖物，必须无光泽，且一面为鲜红色，另一面为黑色。

②球拍用来击球的胶皮海绵必须覆盖球拍的击球面，不得超出底板边缘±2 毫米。

③胶皮海绵在球拍边缘处缺损不得超过 2 毫米、破裂不得超过 1 厘米；在球拍除边缘和执握部分以外的部位不得有任何缺损和破裂。

④普通颗粒胶应是一层无泡沫的天然橡胶或合成橡胶，其颗粒必须以每平方厘米不少于 10 颗、不多于 30 颗的平均密度分布整个表面。

⑤球拍覆盖物不得经过任何物理的、化学的或其他处理。

2. 击球拍面覆盖物的合法性

球拍用来击球的覆盖物必须是国际乒联现行批准的型号，须附有国际乒联或中国乒协的标志及制造商的标志和商标（在击球拍面的近拍柄处清晰可见），以 LARC 表公布的品牌和型号及标准实物（必要时）为准。

3. 黏合剂挥发性

挥发物浓度 ≤ 3ppm；或环境水平读数 A，20 秒后读数 B，真实结果 =B-A ≤ 3ppm。

4. 球拍表面平整度

−0.5mm／+0.2 mm。

5. 胶皮海绵厚度

①普通颗粒胶连同黏合剂厚度 ≤ 2mm。

②海绵胶连同黏合剂厚度 ≤ 4mm。

③胶皮海绵平整度的凸起值应加计到厚度值：

A. 如果红面平整度为正值（凸起），黑面平整度也是正值，则这两个平整度测得值应分别加计到红面和黑面的厚度值；

B. 如果平整度红面为正值 x，黑面为负值 y，$x+y=z$ 是正值，则 z 值应加计到红面的厚度值；如果 z 值是负值，则不加计；

C. 如果平整度黑面为正值 x，红面为负值 y，$x+y=z$ 是正值，则 z 值应加计到黑面的厚度值；如果 z 值是负值，则不加计；

D. 如果红面平整度为负值（凹入），黑面平整度也是负值，则这两个平整度测得值不予加计厚度值；

四、检测范围

（一）开赛前一天，由各参赛队组织运动员进行自愿检测，检测结果当场反馈给运动员，不作为处罚依据。

（二）所有要上场比赛的运动员都必须接受比赛球拍的赛前抽检。

（三）所有被抽检的球拍如赛前未送检的，必须接受赛后检测。

（四）所有已检测合格的球拍如在比赛中损坏，被批准更换的球拍如果未经过赛前检测的必须接受赛后检测。

（五）临场裁判员对未被抽检的要用于比赛的球拍合法性有怀疑，报告值班裁判长批准后可予送交检测。

（六）抽检数量。

①男、女团体赛第一阶段，每轮每组各抽检 1 场比赛的双方每队 1 人，男、女各 4 组 8 队 8 人。

②男、女团体赛第二阶段，每轮每组各抽检 2 场比赛的双方每队 1 人，男、女各 2 组 8 队 8 人。

③男、女团体赛第三阶段，决 1—4 名组所有比赛的运动员球拍全部检测。

④各组别男、女单打抢号轮抽检 1/4 的抢号场次比赛双方运动员的球拍。

⑤各组别男、女单打 1/8 决赛抽检 1/4 比赛场次双方运动员的球拍。

⑥各组别男、女单打 1/4 决赛抽检 1/2 比赛场次双方运动员的球拍。

⑦各组别男、女单打半决赛和三、四名决赛、冠亚军决赛双方运动员的球拍全部检测。

五、抽检程序

（一）开赛前一天，运动员可在规定的时间内自行送球拍到检测处检测。

（二）抽检对象的确定：由检测组组长和分管的裁判长助理在规定的抽检范围内采用随机的方法产生，如男、女团体第一阶段第一轮各 4 组，每组各有 2 场比赛，则从卡片 1 和卡片 2 中随机抽出 1 或 2，即确定是抽检该组第一场还是第二场团体赛；每场团体各有 4 场单打比赛，则从卡片 1、2、3、4 中随机抽出一个号，即抽检这一场比赛双方的球拍；其他均如此操作。

（三）抽检球拍的通知单由球拍检测组负责开出，于团体赛前 40 分钟、单打赛前半小时送到检录处。

（四）临场裁判员在检录处接到球拍检测通知单后，应预先在装球拍的袋子上填好比赛时间、台号和运动员姓名、单位信息，于团体赛收取排名表后交给双方队长（教练员）、于单打比赛 25 分钟前交给双方运动员，同时通知有关球拍送检要求。

（五）团体比赛中，被抽检的第一场上场比赛的运动员，在队长（教练员）提交排名表时接到通知，由队长（教练员）负责通知运动员立即把球拍装袋送到检测处；其他场次的被抽检运动员亦由队长（教练员）负责通知，在赛前自由练习结束后、运动员入场前自行把球拍装袋送到检测处。

（六）单打比赛中，运动员在接到球拍检测通知后，至少要在比赛开始前20分钟自行将球拍装袋后送到检测处。

（七）未通过检测的球拍将暂留在检测处（直到该运动员该场团体或单打比赛结束后由运动员自行领回），并由检测处再通过临场裁判员通知运动员送检备用球拍。

（八）通过检测的球拍，将由检测处直接送交当场比赛副裁判员负责监管，运动员上场比赛时交其使用，局间休息或暂停时须放球台上，其在团体赛第一场比赛结束后如还将出场双打，则球拍须交由副裁判员继续监管，直到其团体赛或单打比赛结束后再交还。

（九）被检测球拍的运动员或其教练员可以现场观察球拍检测过程，但不得干扰球拍检测工作。其他无关人员不得进入球拍检测现场。

（十）球拍检测数据由检测人员如实记录存查，检测结果可以直接告诉球拍使用者（也可通过临场裁判员转告）。

六、检测操作程序

（一）登记比赛场次、台号和运动员姓名、单位信息。

（二）检查球拍的整体完好性。

（三）登记球拍覆盖物的品牌型号，查阅LARC表确认批准许可。

（四）黏合剂挥发性、球拍表面平整度、胶皮海绵厚度检测（这三项检测无先后顺序规定）。

（五）记录检测结果数据。

（六）合格的球拍装回原袋，交志愿者送到球台临场裁判员手中。

（七）不合格的球拍报告检测组组长确认，确认后球拍装回原袋暂时保存，通知运动员送检第二块球拍。

（八）第二块球拍检测仍不合格的，照样装袋暂存，由检测组组长报告裁判长并通知临场裁判员允许该运动员使用第三块球拍比赛，赛后再进行第三块球拍的检测。

（九）赛后检测的球拍再不合格，由检测组组长报告裁判长（裁判长将取消该运动员使用不合格球拍的比赛成绩）。

（十）赛后退还运动员不合格的球拍，记录不合格球拍的处理结果。